増補改訂

セルフアサーショントレーニング

SELF ASSERTION TRAINING

菅沼憲治 著 Kenji Suganuma

東京図書

まえがき（初版）

私がアサーティブ行動を知ったのは、二五年前のことです。構成的グループ・エンカウンターのエクササイズの一つが、自己主張訓練でした。この体験は、私にとって新鮮で魅力のあるものでした。以来、アサーティブ行動とは何かを解明することが、研究テーマとなりました。

臨床体験がしだいに増えるうちに、アメリカで生まれたアサーティブ行動の理論や技法は、文化や国境を越えて普遍性を備えていることが分かってきました。それにしても、日本人には受け入れがたいバタ臭い行動なのではないかという思いは、危惧として残りました。また一方、近年の日本経済は、「失われた一〇年」と総括され、日本は自信喪失になり、非人間的な問題も増加しました。ところが人間の側に立つと、時代はアサーティブ行動を要請していたのです。

さらに二一世紀の世界に目を移すと、文化・宗教観・価値観の対立が地域紛争として起きています。また、人間をめぐる環境は、高度高密度情報化の潮流の下でスピードを加速させ、社会構造を大きく変えようとしています。人間にとって必ずしも優しくはないこうした状況は、自分流儀に生きようと志す人に、失望や無気力をもたらします。そうした人々の一部は人生に絶望し、他者に関心を失い、攻撃的行動と受け身的行動に身を任そうとする傾向がみられます。

この現象に一石を投じる代替行動が、アサーティブ行動です。自分の人生に目を向け、棚卸しをすることで、人生の変化は起きるのです。アサーション・トレーニングは、人生を変えることに勇気を与えようとする学習プログラムです。

まず、アサーティブ行動は何かを知るところから始めてください。本書は、アサーティブ行動の研究書ではありません。自分らしく、疲れない生き方を実践することを学ぼうとする人の教科書です。そこで、著者の人生体験を出来る限りオープンに開示しました。専門用語のような難しい言葉は、脚注で説明をしました。

さて本書の構成は、大きく三部に分けられます。第一部は第1章から第4章までです。アサーション・トレーニングの総論で、アサーティブ行動を理解することが目的です。第二部は、第5章から第11章までです。各論としてアサーティブ行動を育てる七つのテーマについて述べています。最後の第三部は、第12章です。グループの中でアサーティブ行動の実践を試行する変化の過程を解説しています。金魚鉢方式のロールプレイングを通じて実習をする手ほどきが、事例で示されています。

また、各章にエクササイズが設けてあります。紙面上で演習課題に取り組み、内容の理解を深めてください。次に、自己洞察の空欄があります。エクササイズを体験して気付いた点を振り返る時間として活用してください。人間関係で苦慮する相手は他者ではなく、案外自分自身であることは、自明なことです。アサーティブ行動もその例外ではありません。以上の意図を踏まえて、本書の表題は、セルフ・アサーション・トレーニングとしました。

最後に、アサーテイブ行動の誤解を避けるために、一貫して配慮した執筆方針を述べます。

1 「良い」または「悪い」という評価は、アサーティブ行動となじまないことを表現した。

2 他人にさせられる、乗せられる、やらされる結果として生じることは、この世の中に一つもない。あるのは、自分が自己決定して起こしていることだと、伝えようとした。

3 トレーニングにより身に付く行動がアサーティブ行動であり、生まれつきの能力ではないことを強調した。

こうした執筆方針がどれほど活かされた内容になっているかは、忸怩たる思いが残ります。読者自身が、本書から人生設計を見直し再構築することに幾ばくかの示唆を得られたら、望外の喜びです。

平成一四年九月二三日

菅沼　憲治

――増補改訂にあたって――

小説家の「セルフ」論に出会った。『私とは何か』平野啓一郎著（講談社現代新書）という本である。この著書の論旨は、アルフレッド・アドラーが提唱した個人心理学（individual psychology）の人間観である「不可分・不可逆」の発想を論じている。古来日本で言われている「自他不二」という人間を理解する意味に通じたものである。

心理学の教師である私は、しばしば学生から「先生はなぜ心理学を学ぼうとしたのですか」と尋ねられる。そうしたとき、私はその都度「高校生のときに読んだヘルマン・ヘッセの『車輪の下』という小説に影響を受け人間の内面に関心を持ったから」とか「相場均の『性格』を読んで心理学の研究に興味を持ったから」などと答えていた。

しかし、本音を述べると、「自分とは何か」を究明したいという好奇心が心理学の道へと背中を押していたのである。そうした心理学の学修成果として、二〇〇二年に『セルフ・アサーション・トレーニング』、二〇〇九年に「改訂新版」を上梓した。そして今回の「増補改訂」では、「セルフ」と「アサーション」の関連について論じたことが特徴である。

アサーションを「自己表現」と考えるとき、その表現は誰の責任になるのだろうか。自分、他者、状況と責任の所在をめぐる悩ましい課題が浮上する。しかし、最終的に行きつく責任は自分にあると結論できる。どう考えても責任転嫁するには論理に飛躍が生じる。こうした議論で葛藤が生じた場合に「セルフ」に戻り自分を整え直すと落ち着きがよみがえるのである。

この新しい著書の目的を概念図で示したものがＲＳＨモデルである。ＲＳＨとは、さわやか（Refreshed）、しなやか（Supple）、すこやか（Healthy）の頭文字をそれぞれ取ったものであり、これらはすべてセルフ・アサーション・トレーニングに包括できるとしたものである。そのイメージがこのモデルの示す意味である。

なお、補遺4には、「アサーティブ行動トレーニングの倫理綱領」を掲載させていただいた。これは、一九九四年に私が翻訳した『自己主張トレーニング』からの転載である（改訂新版にはない）。セルフ・アサーション・トレーニングのファシリテーターを目指す方に、ぜひ一読いただきたい内容である（ここで使用している「アサーティブ行動トレーニング」という用語は、「セルフ・アサーション・トレーニング」と同じ意味である）。

これまで筆者が東京図書株式会社から一五年間に上梓した各書籍を踏まえて、新たな書き下ろしをした本書の目的が理解していただければ幸いである。

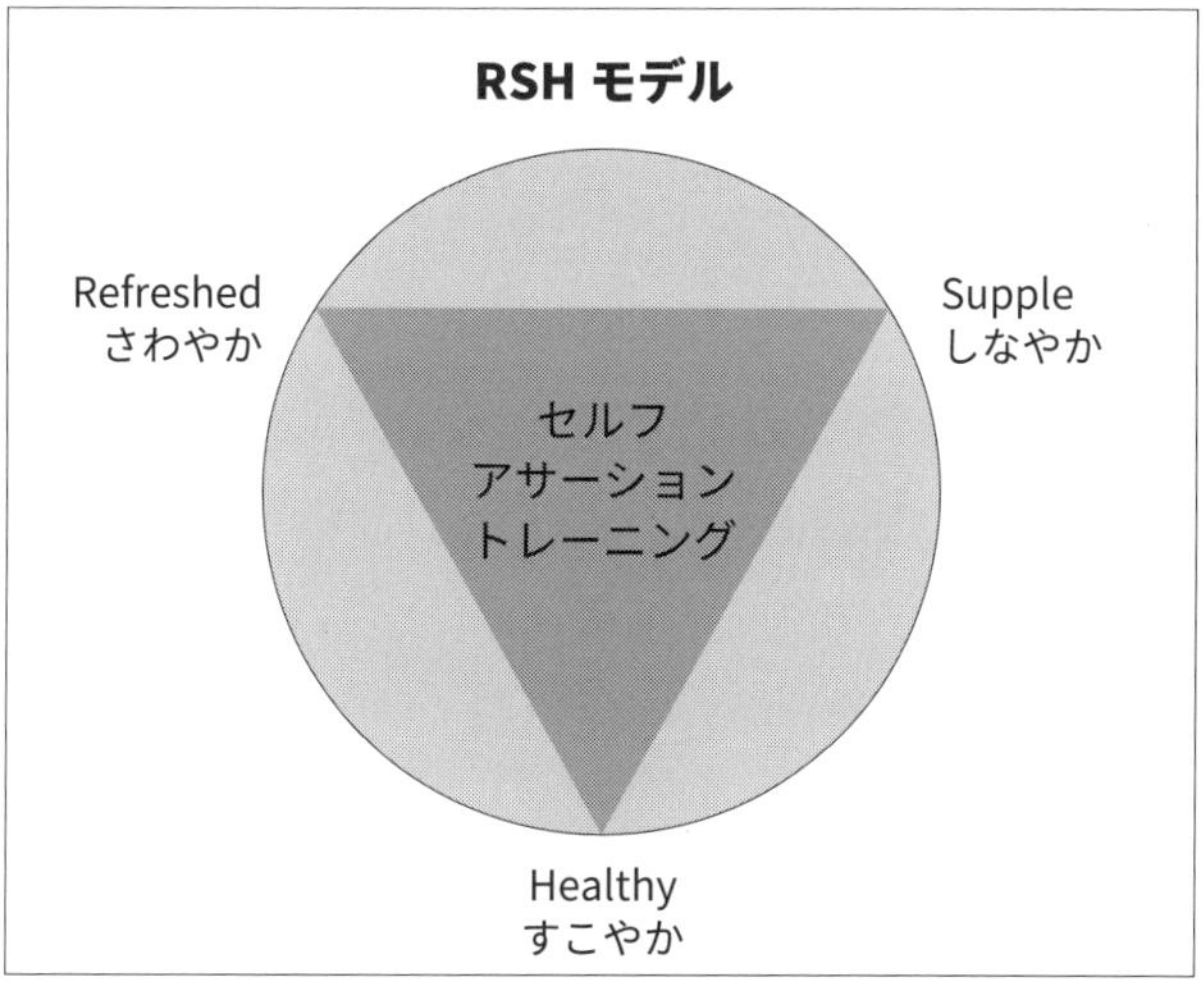

平成二九年五月三日

菅沼　憲治

CONTENTS

増補改訂
セルフ アサーション トレーニング
SELF ASSERTION TRAINING
Basic

まえがき

001 **第1部**
セルフ アサーション トレーニングの 総論

002 ①**セルフ・アサーション・トレーニングの目的**
一番大事なものは自分
一番楽で自分らしい生き方とは
セルフ・アサーション・トレーニングの歴史
セルフ・アサーション・トレーニングに関する倫理綱領

エクササイズ1 自己契約の書き出し

013 ②**アサーティブ行動とは何か**
究極のアサーションとは
「怒りは健康なものだ」

エクササイズ2 行動様式一覧表でふり返る

021 **第2部**
セルフ アサーション トレーニングの 奥義

022 ③**金魚鉢方式のロールプレイング**
体験から学ぶことの意味
SATハウスへの招待
体験学習のサイクル（DLTGサイクル）
事例の「こたえ」は複数ある
金魚鉢方式のロールプレイングの事例
事例から学ぶ

エクササイズ3 ロールプレイングの応えを導くエクササイズ

059 ④**セルフに気づく**
セルフ（自己）とは何か
自己と自我
「セルフ」と「アサーション」

エクササイズ4 対人コミュニケーション

CONTENTS

077 第3部 多元化するアサーション

078 ⑤さわやかなアサーション
守破離に学ぶ
基礎科学としての心理学
対人コミュニケーションの視点
アサーションの「学習」説
レスポンデント条件づけ
アサーション権宣言

エクササイズ5 アサーション権を考える

不安の味方

エクササイズ6 レスポンデント条件づけを体験する

107 ⑥しなやかなアサーション
自他を尊重するアサーション
スキナー箱の実験
オペラント条件づけ
機能的アサーション
家族の絆

エクササイズ7 他己紹介

121 ⑦すこやかなアサーション
パーソナリティの定義
パーソナリティ理論
ゴール
精神的健康
「すこやかなアサーション」の事例
不健康なビリーフ

エクササイズ8 REBTについて考える

157 ⑧和顔愛語
言葉かけの大切さ
闘争・逃走本能を知る
アサーションいろはかるた
先が立ち我が立つ
ストレスとアサーション

エクササイズ9 人生の棚卸し

173 補遺

174 補遺 1 SCATで測るアサーティブ行動傾向
平均値のないアサーティブ行動
SCATの実施のし方
エクササイズ10 SCATの実施
アサーティブ行動マトリックスの解説
エクササイズ11 SCATの結果を自己分析

213 補遺 2 アサーションいろはかるた

228 補遺 3 セルフ・アサーション・ファシリテーターに成る
ファシリテーターの必要条件
ファシリテーター養成プログラム
ファシリテーターの継続研修
エクササイズ12 非言語行動
非言語行動の実践
エクササイズ13 マン・ウォッチング

243 補遺 4 アサーティブ行動トレーニングに関する倫理綱領

あとがき
索引

装幀·本文 岡 孝治

第1部

セルフ
アサーション
トレーニングの
総論

◉セルフ・アサーティション・トレーニングの目的

◉アサーティブ行動とは何か

1 セルフ・アサーション・トレーニングの目的

「自分のボスは自分である」ことが自覚できれば、そこからすばらしい人生設計ができる
——六角浩三

一番大事なものは自分

セルフ・アサーション・トレーニング[*1]を行う目的は何でしょうか。ひと言でいいますと、人間を大事にすることを「学ぶ」ことです。これはすなわち、自分を大事にすることを学ぶ、という意味でもあります。

そもそも自分を粗末にする人は、他人に対して粗雑になったり乱暴になったり、あるいは脅してつき合ったりするものです。しかし、自分を大事にできるようになりますと、同じように、他の人間も大事にすることができるのです。

みなさんは、「泥に花は咲く」[*2]というお話をご存じですか。これは青山俊董《あおやましゅんどう》[*3]という、名古屋市千種区城山町にある愛知専門尼僧堂の庵主が、ラジオで話されていた物語です。

古代インド大陸の、とある王国の王様は「この世の中で、一番大事なものは何なのだろ

＊1 セルフ・アサーション・トレーニング
self assertion training
状況に応じて適切な自己表現ができるように、自分の行動をトレーニングすること。アサーティブネス・トレーニング（assertiveness training）ともいう。なお、本書で言う「セルフ」は「自己」を意味している。

＊2 泥に花は咲く
この話は『泥があるから、花

うか」ということを、常に考えていました。しかし、考えれば考えるほど答えが分からなくなります。そうこうしているうちに、ようやく一つの結論に達しました。それは「自分だ」ということです。ところがそのような結論に達した瞬間から、王様はなぜだか居心地が悪くなってしまったのです。

この居心地の悪さを何とかしたいと、お后様を呼んで「どうにかできないものか」と相談しました。しかし相談されたお后様も、同じように悩んでしまったのです。「この世で一番大事なものは何なのでしょう」

考えて考え抜いたあげく、お后様も王様と同じように、「一番大事なものは自分」という結論に達したのでした。ところが、その答えを見つけたとたんに、お后様も居心地が悪くなってしまったのです。二人で居心地の悪さを抱えて悶々としているうちに、あることを思い出しました。

この古代インド大陸には、シャーキアムニ*4という評判の高い哲学者がいます。「そこへ行って相談すれば、この居心地の悪さを解くようなヒントが得られるかもしれない」と、二人はシャーキアムニのところへ行くことにしたのです。

王様たちは次のように相談をしました。

「この世の中で一番大事なものは何か、と考えた結果『自分』という結論に達しました。しかし、そのとたんに、居心地が悪い思いをしています。どうしたらいいのでしょうか。いいアドバイスをください」

シャーキアムニはしばらく沈黙していたのですが、やおら口を開いてこういったそうです。

は咲く』青山俊董 著（幻冬舎、二〇一六年）にまとめられた。

＊3 青山俊董
五歳で曹洞宗無量寺に入門、一五歳で得度。駒澤大学大学院修了後、曹洞宗教化研修所を経て、現在、愛知専門尼僧堂堂長、正法寺・無量寺住職。

＊4 シャーキアムニ
（前463-383あるいは前566-486が有力）釈迦族の出身で、仏教の開祖と伝えられている。二九歳で宗教生活に入り、三五歳で無師独語の成道をし、以後、四五年間にわたり伝道教化を展開。その感化は全インドに及んだといわれる。八〇歳入滅。

「あなた方の結論は正しいのではないでしょうか」と。

さらに続けて「相手の人も同じように、自分が一番大事だと思っている。したがって、双方がその気持ちを大事に出していくことが、この世の中で一番大事なことではないでしょうか」

その瞬間に、王様もお后様も今までの居心地の悪さから解放されたそうです。自分のことを一番大事だと思っているのは、自分だけではない。ですから、相手のその気持ちも自分に対するものと、同じくらい大事にする。すなわちこれが、世の中で一番大事なことなのです。

ではなぜ、「泥に花は咲く」というテーマがついたのでしょう。ここからは私の解釈になります。「泥に咲く花」とは、蓮です。蓮は清流には咲きません。汚い、見向きもされないような泥川に咲く花です。

人間は、誰しもが清らかに生きたいという願望を持っているのですが、実際は煩悩にまみれながら生きているのです。その煩悩のなかで、自分を大事にして自分という人生の花を咲かせることが、人生で一番大事なことではないでしょうか。

人によっては煩悩を、「無くそう」「押さえつけよう」「排除しよう」「切り捨てよう」とします。しかし、煩悩を受け止め、つき合いながら生きていくことで、人生の花が咲くのです。人間は、自分の力だけで花を咲かせることはできませんし、清らかな生き方だけで人生の花を咲かせることもできないのです。

一番楽で自分らしい生き方とは

考古学者の大賀一郎[*5]が、昭和二七年に千葉県検見川東大農場の泥炭層下七メートルのところから三個の蓮の種子を発掘しました。黒い化石になっていた種子を、大賀は水を張った器のなかに入れてみました。するとそのうちの一個から芽が出て来たのです。

化石になっていた種子から芽が出るとは！ そこで、今度は光が当たる窓際に器を移動させ、日光が十分当たるようにしてみたのです。肥料なども与えながら育てていったら、芽がだんだん茎になり、茎から葉が出て来ました。そして、発掘した翌年に見事に開花したのです。

「まさか二〇〇〇年前の蓮の種子に花は咲かないだろう」という予想を裏切り、つぼみが出て来て、ついに蓮の花が咲きました。そこでこの蓮を、発見者である大賀の名前をとって大賀ハスと呼ぶようになったのです。現在もちゃんと花を咲かせながら、元気に育っているそうです。

ここで私が言いたいのは、次のようなことです。

たとえ化石の種子が見つかったとしても、その種子を地面にばら撒いたとしたら、たぶん花は咲かなかったでしょう。つまり、花と種子との「縁」を大賀がつないでくれたからこそ、蓮が咲いたわけです。そこには大賀だけではなく、水という縁も、肥料という縁も必要でした。大賀ハスは、自分の力だけで花を咲かせることは、できなかったはずです。

人間も同じではないでしょうか。

誰もが避けて通れない煩悩を持っています。煩悩をどう活かし、どうつき合うかで、煩

*5 **大賀一郎**
(1883-1965)
植物学者。東京帝大卒。関東学院大学教授を務めた。古代ハス研究の第一人者。

悩を地獄に直結する縁にしてしまうか、それとも極楽に繋がる縁にできるかが決まるのです。本人の考え方一つで、どちらも選択できるのです。

古代インドの哲学者、シャーキアムニが説いた「縁起の法」[*6]という原則によると、煩悩は、縁起次第なのだそうです。縁起次第で、煩悩にまみれて地獄に落ちるか、煩悩から極楽の道に到達するのかが決まるというのです。

私たちが人間らしく生きるための選択肢は、一つだけではありません。複数の選択肢があるのですから、一番楽で自分らしい生き方に直結するものを選ぶといいのではないでしょうか。また、縁の活用の仕方についても、もっと磨きをかけて欲しいのです。それが、人間を大事にすることに結びつくはずです。

このような生き方を体系的に学ぶのが、セルフ・アサーション・トレーニングです。シャーキアムニもやはり同じようなことをいっています。アサーション[*7]の考え方自体、新しいものではないのです。

まず、セルフ・アサーション・トレーニングについて学ぶ前に「アサーション」という言葉の意味から考えていきましょう。実際のところ、日本語にはこの言葉の心理的側面を表現するにふさわしい訳語がありません。ですから、これらの言葉を具体的にどういう単語で表現していいのか、私にも分からないのです。

アサーションもしくはアサーティブネス[*8]は、同じ名詞でも少しニュアンスが違います。そもそもラテン語に「アッド」という方向を示す接頭辞と「セレーレ」という動詞があります。この語源から、アサーションはできています。そこで、物理的に離れているものを、限りなく近づけていく方向や運動を表していると考えられます。

＊6 **縁起の法**
因縁生起の意。一切の事物は固定的な実体を持たず、さまざまな原因（因）や条件（縁）が寄り集まって成立しているということ。仏教の根本思想。

＊7 **アサーション**
assertion
ラテン語のad（～へ）という接頭辞とserere（結びつける）という動詞から作られた合成語。形容詞アサーティブ（assertive…自分の権利や意見を言い張る、はきはきした断言的な）の名詞形。辞書での意味は、主張、自己主張、または断言。

＊8 **アサーティブネス**
assertiveness
アサーションと同じくアサーティブの名詞形。こちらは自他がともに大事にされた、という実感を持てる勝ち負けのない関係性を意味する言葉である。

本来物理学の世界には、融合するとか、ぴったり一致する世界はありえないそうです。そうなると、人間関係にもぴったり一致することなど、ありえないはずです。ですから、アサーションとは、限りなく離れているものが近づく運動、といった意味の名詞になります。アサーティブネスはその世界を意味し、アサーティブはその形容詞になります。

セルフ・アサーション・トレーニングの歴史

では、セルフ・アサーション・トレーニングの歴史について、説明していきましょう。

アメリカでは一九四〇年代後半以降、神経症、ノイローゼの人たちが感じる「不安」という感情を軽くするにはどうしたらいいかと、「不安」を薄めるための、あるいはそれを取り除くための治療技法が、開発され研究されて来ました。この研究に最初に取り組んだのは、行動療法[*9]の研究者たちです。この時点では、不安は過剰な条件づけ[*10]の結果起こるもの、と考えられていました（5章、6章参照）。

例えば試験の前になると不安になり、不安からさらに不眠症になり、結果的には試験に臨んだとき頭がもうろうとして、いい成績が取れない、ということがあります。これについては、習慣化した「感情の癖」があるため、それを改め解除する習慣に立て直すことが必要なのです。

つまり再学習して訓練することで、不安は軽くできるはずです。そういう行動療法家の研究がさらに発展して、ロバート・アルベルティ[*11]とマイケル・エモンズ[*12]の考えにつながっていきました。

＊9 行動療法
一九五九年にハンス・アイゼンク（Eysenck, H. J.）が学習理論に基づく心理療法のことをこう呼んだ。よって、精神分析の考え方に基づく療法とは対立している。神経症などは学習された行動、あるいは学習の欠陥などによるものと考えられ、異常行動を直接治療の対象とし、治療者は積極的に患者を教育し、訓練しようとする。過去の病歴にはあまりとらわれない。

＊10 条件づけ
条件反射、条件反応を形成すること。人または動物を訓練して、特定の反射や反応を起こさせるようにする。原理はレスポンデント条件づけ（5章）とオペラント条件づけ（6章）の二種類である。

この二人の研究の画期的なところは、万人の能力開発、あるいは健康維持のために、それを活用できるようにしたところです。つまり、健康な人でも感情に巻き込まれて不健康になったり、社会生活が不便になったりすることは、ままあるものです。ですから、健康な人たちも一層健康になるための教育の一環として、トレーニングをしたり学んだりする必要があるという位置に、アサーションをシフトさせたのです。これを心理学ではサイコエデュケーション[13]、すなわち心理教育といいます。一部のノイローゼや神経症の人たちのものであった技法論から、健康な人がより一層健康になっていく、そういう予防的・教育的なアプローチになったのです。

この考えがさらに発展していくなかで、アサーティブであることを阻害しているのは行動だけではなく認知も同様である、といわれ始めました。それを最初に提言したのが、アルバート・エリス[14]です（7章参照）。

セルフ・アサーション・トレーニングに関する倫理綱領

アサーションには、大きく分けて三つの分野があります。そこでは、自分のニーズは何かを明確にして学ぶことが倫理として必要になります。一つめがセルフ・アサーション・トレーニングです。対象になるのは、健康に社会生活や家庭生活を送っている健常者です。ですから、このトレーニングを行うためには、病気ではないことが前提となります。目的は、自己成長であり行動変容を図ることです。別な表現をすれば、自分の頭のハエは自分で追えるようにトレーニングをする、ということです。

＊11 ロバート・アルベルティ
Alberti, R. E.
アサーティブネス・トレーニングのパイオニアとして世界的に認められている心理学者。エモンズ（Emmons, M.）とともに二〇年以上にわたりアサーティブネスに関する講演やワークショップの指導をしている。同氏との共著『自己主張トレーニング』（東京図書刊）は、この分野におけるバイブルと称されている。また、同著者による〝Stand Up, Speak Out, Talk Back〟は、一般読者向けのアサーティブネスの解説書である。

＊12 マイケル・エモンズ
Emmons, M. L.
個人開業の心理学者。カリフォルニア・ポリテクニック大学で結婚・家族カウンセリングのインターンの指導にあたっている。

＊13 サイコエデュケーション
psycho education
カウンセリングの治療機能よりも、予防・開発的機能を重二つめにアサーション・セラピー[*15]があります。これは性格的な歪みがもとになっていて、微調整しなければならない人、あるいは、過剰な不安が強くて日常生活に支障をきたしている精神疾患の人が対象です。この場合には、セラピー過程のなかでアサーションの技法を駆使しながら治療をしていきます。したがって、本書の内容を超えている分野ですので、ここでは、言及することを控えます。

三つめはセルフ・アサーション・トレーニングの指導者を養成するための勉強分野です。指導者の同義語としてファシリテーター[*16]（補遺3参照）という名称もあり、最近ではこちらのほうが一般的です。例えば臨床心理学専攻の大学院修士課程の専門分野を修了し、さらにスーパーヴィジョン[*17]を受けながらファシリテーターになるトレーニングです。

以上のように、私がトレーニングの目的を説明するのに紙面を割いたのには、訳があります。読者のみなさんには、この本を読むにあたって、まず「契約の時間」を取っていただきたいと思ったからです。

契約（コントラクト[*18]）という言葉には二つの意味があります。まずオフィシャルな意味の契約で、物事の進め方への合意を交わす約束のことです。

それ以上に重要な二つめの意味は、臨床上の契約です。私は意訳して、「自己契約」と呼んでいます。これは、自分が自分自身と交わす契約をいいます。とくに、カウンセリング[*19]用語における「契約」とは、変化することを目指して当事者双方が合意した約束をいうのです。医療分野で使われる、インフォームド・コンセント[*20]という言葉に近い意味を持ちます。

視した教育活動を前面に打ち出した心理的アプローチの総称。

＊14 アルバート・エリス
Ellis, A.（1913-2007）
コロンビア大学で博士号（心理学）を取得。一九五〇年代後半にREBT（論理療法）の論文を公刊、ニューヨークにその拠点となるアルバート・エリス研究所を設立した。以後、著作と講演を通して、REBTの発展と普及に努め、二〇世紀を代表する心理学者の一人といわれていた。八七年に初来日後、日本カウンセリング学会年次大会のために九八年に再来日。ちなみに筆者は、初来日の際に、デモンストレーションのクライエントになりエリスのカウンセリングを受けている（7章参照）。

＊15 アサーション・セラピー
assertion therapy
精神疾患を伴う重篤なクライエントに対して、個人セラピーの中でアサーションの技法を駆使して、治療すること。

エクササイズ 1 自己契約の書き出し

この本を手に取って読み始めたあなたは、自分がどう変化したいのかを例にならって四つのテーマごとに、書き出してみましょう。主語は、「私」で、簡潔な文章で結構です。

各エクササイズの後には自己洞察の欄を設けてあります。これは、エクササイズを体験して自分の思考・感情・行動に関して気づいた点を記述する欄です。例のように、思い思いに記述してみましょう。また、各エクササイズが終わった時点で自分をふり返る時間としても活用してください。これにより、自己洞察を深めて行きましょう。

例：❶自分が気にかかることは何か。

> 私は、何をするにもいつもまわりの目を気にして、本音をごまかしている。

＊16 **臨床心理学**
clinical psychology
臨床心理査定、臨床心理面接、臨床心理的地域援助などの領域を含む心理学領域の総称。方法論的には実験心理学とは対照をなし、事例研究を中心に個人の深層だけでなく集団の深層に関する観察・調査、さらに解釈や精神病理学も含まれる。一八九六年にペンシルヴェニア大学で心理学的クリニックを創設し、児童指導・職業指導を行ったライトナー・ウィトマー（Witmer, L.）による言葉とされている。

＊17 **スーパーヴィジョン**
supervision
辞書的意味は、監督、指揮、監視、管理。臨床心理学では、力量のある臨床家が初心者の実力向上のため指導や助言を行うトレーニングの意味で用いられる。この関係で前者をスーパーヴィザー（supervisor）、後者をスーパーヴィジー（supervisee）とよぶ。

❶ 自分が気にかかることは何か。

❷ 自分はどう成りたいのか。

❸ 自分とは何か。

❹ 自分が人生に期待していることは何か。

＊18 コントラクト
contract
辞書的意味は、契約、約定、婚約、請負。TA（交流分析）においては、明確に定義された一連の行為についての十分にはっきりと表現された双務的な約束を意味する。

＊19 カウンセリング
counseling
國分康孝（3章参照）によれば「言語または非言語的コミュニケーションを通して行動の変容を試みる人間関係である」と定義される。人生上の諸問題を解決するために助言等の介入を行う。自己成長を促す援助であり、精神疾患を患うクライエントを援助するサイコセラピー（psychotherapy）と区別される。

例

自己洞察

自分とは何か、ということについて深く掘り下げて考えたことはなかった。今後のエクササイズを通して身につけられたらいいと思う。

自己洞察

＊20 インフォームド・コンセント
informed consent
医療側が診断や治療にあたって現在の病状、必要な検査の目的と内容、治療の危険性などについて患者に分かる言葉で説明し、患者が理解、納得、同意し、治療に参加することをいう。欧米先進諸国では臨床の現場でも法的に確立した原理となっている。

2 アサーティブ行動とは何か

アサーティブ行動とは、一律に定義できるものではなく、特定の人・状況に依存する

——アルベルティ&エモンズ

究極のアサーションとは

ところでみなさんは、究極のアサーションをご存じですか。寅さんが最後にいう決めゼリフ「それをいっちゃあ、おしめェよ」、私はこれにつきるのではないかと思います。

アサーティブ行動[*1]を学ぶには、非アサーティブ行動から考えたほうが分かりやすいのです。対人的コミュニケーションで見ると、非アサーティブ行動は、「受け身的行動[*2]」と「攻撃的行動[*3]」の二つに分けることができます。

私の体験談をまじえながら、この両方について説明してみましょう。まずは、「受け身的行動」についてです。

二〇代の頃の話です。私は都内に出ようと小田急線に乗っていました。車内はかなり混雑していて、私は後ろの人に押されるがまま、前にいた婦人を押していました。その婦人

＊1 **アサーティブ行動**
対人場面において、自己や他者の欲求・感情・基本的人権を必要以上に阻止することなく自己表現する行動のこと。

＊2 **受け身的行動**
passive behavior
非アサーティブ行動の一種。日本人に多い行動といわれている。例えばイエス・マンは、断ってもよいときにも断ろうとしない。そのため、自己嫌悪に陥ることになる。

は、降りる間際、私のほうをふり返り、ものすごい剣幕で怒鳴りだしたのです。「あんた、痛いじゃない！　何で強く押すのよっ」私は、その剣幕に返す言葉を飲み込んで、そそくさと下を向いて降りてしまいました。おかげで、その日一日は憂鬱でした。

「なぜ、憂鬱になってしまうんだろう」と自己分析をした結果、私は自尊心を傷つけられ屈辱感を味わったから憂鬱なのだ、と分かったのです。

当時、私はこんなにも気の弱い青年でした。これではいけない、自尊心を傷つけられっぱなしの人生は金輪際いやだ、と思いいたったのです（実は、私がアサーティブ行動に近づいていく経緯の一つがここにあります）。

この体験談を話すと、「先生、私にも経験があります」と、同じような体験談を話してくれた学生が何人もいました。例えば、大学に入学したとき、黒ずくめの学ランを着た先輩に囲まれ、無理矢理サークルに入らされてしまったとか、下宿先にセールスマンが来て、買いたくないのに品物を売りつけられたなど、さまざまです。「世の中には、私と同じように随分気の弱い人がいるんだな」と改めて思います。

このように欲求、感情、基本的人権を後まわしにして、相手を優先させる行動パターンを「受け身的行動」と定義します。例えば、「どうぞ」と人に道を譲っておきながら、「何で自分が譲らなきゃならないんだ」と、後で文句をいう人です。こういう受け身的行動の特徴には「あなた任せ」、「自己犠牲」、「遠まわし」（ストレートにいわず、遠まわしにいう）「ノーといえない」などがあります。

その結果として二つの感情が起こるようになります。一つ目は、「自信のなさ」、二つ目は、「復讐心」です。どちらにしても、不健康でしょう。人間関係を営むときに、「自分ら

＊3　攻撃的行動
aggressive behavior
非アサーティブ行動の一種。相手の存在を無視した言動を意味し、例えば声を荒立てる、人の話を聞こうとしない、相手を支配しようとするなどである。

しい」「疲れない」「楽しい」といった、実感が湧かないのですから。

次は「攻撃的行動」について説明しましょう。これは、私が三〇代の頃の話です。長らく、気の弱い生活を送っていたせいでしょうか。その反動が現れてしまいました。日頃から、偉そうに理屈をこねる先輩がいたのですが、その先輩を研究会のメンバーの面前で、こき下ろしてしまったのです。「おまえ」呼ばわりをし、「知らないことを、知ったかぶりするんじゃない」と激しくなじったのです。

結局、私は大人げない人間とみなされ、研究会への出入り禁止をいい渡されてしまいました。人前でその人のメンツを潰してしまうような言動はよくない、と身をもって体験したのです。

このような「攻撃的行動」は、自分の欲求や感情、基本的人権を優先させ、相手を後まわしにするわがままな行為といえます。人を踏み台にして、自分の権利を追求する行動、といってもいいでしょう。

さらにこの行動には、五つの特徴があります。「相手を支配しようとする」「声を荒らげる」「話を聞こうとしない」「無視をする」「間接的攻撃（悪口など、直接本人にはあたらない）」です。その結果「相手を傷つけた」「すまない」という「罪悪感」と、「仕返しが来るかも」という怯えに伴う「不安」という二つの感情が起こります。

したがって「受け身的」「攻撃的」のどちらも「自分らしい、疲れない人生」からは縁遠くなってしまう行動なのです。しかも不思議なことに、この二つの行動は本人が気づかないうちに習慣化されワンパターンに何度も繰り返されているのです。気の弱い人間は、反動形成で爆発した後、「しまった」と反省します。やがて、弱気になっていき、この激しい感情は消えていってしまう。そしてまた、反動形成で爆発する……。この繰り返しです。

「怒りは健康なものだ」

日本におけるアサーション・トレーニングの先駆者である平木典子[*4]から聞いた話です。日本で、セルフ・アサーション・トレーニングの学習人口が増えていることに対して、アメリカから来たジャーナリストが不思議がったというのです。「なぜ、攻撃的になるための練習が必要なのだ」と。

今でこそセルフ・アサーション・トレーニングは日本でもアメリカでも市民権を得て来ましたが、その発祥の地ともいえるアメリカでさえ、セルフ・アサーション・トレーニングとは、相手をやっつける訓練としてとらえられていた時代があったのです。ですから、練習し、身につけるのはおかしなことだ、というわけです。しかし、それは誤解です。なぜなら、アサーションは、受け身でも攻撃的でもない、第三の道としてのコミュニケーションだからです。

例えば、集団討議で沈黙があったとします。ある人は「私は何て無口な人間なんだ。こういうところで、発言ができたらいいのに。私はこういうところだと、話せない人間だ」と考えています。また、ある人は、「私は、話そうと思えば話せるけれど、今はタイミングが悪いから発言しないぞ。いいタイミングが来たら誰がどんな反論をしようとも発言しよう」と考えていたとします。

どちらが、よりアサーティブだと思いますか。この場合は、「話さない」という姿勢で

＊4 **平木典子**
(1936-)
津田塾大学英文学科卒業。ミネソタ大学大学院修士課程修了。長年、臨床心理士の養成・訓練に携わる傍ら、統合的心理療法研究所を設立。。専門は家族心理学、家族関係の心理療法など。

＊5 **状況特異的行動**
その時々の状況や、相手との関係などの違いによって、自分の行動がアサーティブか否か異なる特性を持つ行動をいう。詳しくは3章を参照。

＊6 **カール・ロジャーズ**
Rogers, C. (1902-1987)
戦後、日本のカウンセリングに、多大な影響を与えた心理学者の一人。彼は、クライエントの話に耳を傾ける、非指示的カウンセリングという技法を強調した。これは、説得・

参加している人のほうです。つまり話すか話さないかは自分の意思で決め、自分でどういう結末であろうと責任を取ろうとしていますね。爽やかだし、すっきりしています。ですから、まわりの状況や人数の多少によって、同じ「話さない」場合でも、アサーティブか否か異なってくるのです。これを、状況特異的行動[*5]といいます。

いくら気に入らない上司がいたとしても、たくさん社員がいる前で、その上司に文句をいったら、あなたにとって不利な結果になりかねません。それなら、上司と二人っきりで、酒でも飲みながら話し合ったほうが、よっぽどアサーティブです。苦手分野もあるし、オールマイティにアサーティブな人はいません。スタートラインはみんなゼロです。状況によって、行動を起こしたり、起こさなかったりすればいいのです。アメリカのジャーナリストが誤解しているように、暴言を吐くばかりがアサーティブ行動ではないのです。

しかし、カール・ロジャーズ[*6]の教え子であるトマス・ゴードン[*7]の著書『親業』[*8]（大和書房刊）には、怒りはできるだけ出したほうがいい、とあります。

そこには、怒りは「私」を主語とし「Iメッセージ」[*9]に込めて伝えること、とあります。たいがい怒りというものは、「おまえが憎くて腹をたてているんだ」というメッセージで現れますが、それは間違いである、とゴードンは説きます。

同じようにロジャーズの影響を受けた、アルベルティとエモンズ（1章参照）の考えはまた少し違います。彼らのほうは、ゴードンと比べるとより折衷的です。「ヒューマニスティック・サイコロジー」[*10]という、人間心理学の考え方に行動理論[*11]や認知理論[*12]を加え、その人自身の思考によって感情は変わる、というとらえ方をしています。

しかし、アルベルティやエモンズらも「怒りは健康なものだ」といっています。なぜな

説教的な日本の従来のカウンセリング技法からすると、実に画期的なものであった。さらに、クライエント中心療法、エンカウンター・グループ、さらにパースン・センタード・アプローチへと理論を発展させた。

＊7 トマス・ゴードン
Gordon,T.（1918-2002）ロジャーズ（前項参照）の教え子。シカゴ大学にて博士号を取得。カリフォルニア州心理学会会長を経て、効果訓練協会会長を歴任。職業訓練や自己実現など、さまざまな訓練プログラムを開発、実施した。

＊8『親業』
ゴードン（前項参照）が一九六二年に始めた「親業訓練講座」（Parent Effection Training）に関連する著作。近藤千恵訳。親子関係を改善し、青少年犯罪を防止するためのトレーニングなどが著されている。

＊9 Iメッセージ
うれしい、楽しい、悲しい、怒りなどさまざまな感情を、私である「I」を主語とした

らば、ラグビーやサッカーなどのスポーツでは、怒りが発奮するエネルギーになりますから、いい意味でのぶつかり合いがあるわけです。ちなみに私自身も怒りというものは健康な感情だ、と思っています。

すなわち、アサーティブ行動とは、自分や他者の欲求・感情・基本的人権を、必要以上に抑えることなく、自己表現する行動だと定義されます。これには、「自分に素直である」「相手を尊重する」「ストレートである」「適切である」「ともに勝つ（Win-Win*13の関係）」といった特徴があります。これらのような、勝ち負けのない関係を「Win-Win」というのです。ですから、アサーティブ行動は、爽快感*14を伴うわけです。

過去に協働的リレーションシップを伴うワークショップを行ったとき、次のような感想を持った人がいました。

「ここに来るまでは、長時間拘束されるのがイヤだな、かったるいな、と思っていたのだが、意外に楽しかった」

それは、人の顔色を見たり、言動を気にしたりする必要がなかったからです。またこれらのトレーニングは、私がみなさんに無理にのせたり、やらせたりしたものではありません。みなさんが、自己決定し、自己責任において作り上げたものです。

イヤなことも「瞬間」です。未来永劫続くわけではない。そして、今まで勝ち負けで行動していたことに気づけば、考え方の切り替えもできるはずです。

文章にして相手に伝えること。感情は自分が作り出している、というアサーションの考えに基づき、自分を主語にすることで感情の責任を明確にしていくという目的がある。対して、感情や行動の責任は相手にあるものとし「あなた」を主語にして伝えるYOUメッセージもある（6章参照）。

＊10 ヒューマニスティック・サイコロジー

humanistic psychology

人間性心理学と同義語。行動理論（次項参照）や精神分析などよりも、人間の存在や実存そのものに焦点をあて理解しようとした、心理学の総称のことである。

＊11 行動理論

行動主義を提唱したジョン・ワトソン（Watson, J. B.）の『行動主義者からみた心理学』という論文が一九一三年刊行されることにより誕生した。行動科学（behavioral science）を支える理論であり、アメリカにおける心理学の主流ともいえる研究分野といえる。意識より、行動（物

エクササイズ2 行動様式一覧表でふり返る

現在までの自分の人生で、「受け身的行動」「攻撃的行動」「アサーティブ行動」のうち、どの行動が多かったと思いますか。次ページの「受け身的・攻撃的・アサーティブ行動様式」の一覧表に基づいてふり返り、心当たりのある行動について次の空欄に書き出してみましょう。

自己洞察

理的活動を指す）に注目した研究を集大成したもの。

＊12 **認知理論** いわゆる知的機能（見る、聞く、話す、憶える、考える）のような、人間の意識や心を研究対象とした理論とされる。行動主義と対極にある認知心理学（cognitive psychology）は、観察可能とされる刺激のみを研究しないで、直接観察できないブラックボックスに例えた心の問題を解明しようとした。そこで、意識、注意、イメージなども研究対象にすることによりグレーボックスとして明らかになるであろうと期待したのである。

行動様式一覧表

	受け身的	攻撃的	アサーティブ
思考	●私はできない	●私は正しい	●これは、私にとって新しいことだ。だが、試してみようかな
	●私はそれをしてはいけない	●むこうは私がやって欲しいように行うべきだ	●私にとってこれはやらないほうがいいだろう
	●私はそれをすべきだ	●私は、すべての人々について何がふさわしいか知っている	●私にとってこれはやったほうがいいだろう
	●私はダメ人間だ	●私はすばらしい。だが、相手はダメだ	●私は、それほど価値のある人間ではないが、価値のない人間というわけでもない
	●むこうは正しい	●私はそんなにすばらしい人間ではないかもしれない。しかし、他の人はもっと最低だ	●人間はだれでも自分の意見があるはずだ。しかし、意見が異なった場合には解決することができる
	●物事が私の望んでいるように運ばない。それはもう最低だ	●物事が私の望んでいるように運ばない。それはもう最低だ	●物事を思い通りに進めようとするが、必要ならばいくらか譲歩する
感情	●怖れ	●怒り	●穏やかさ
	●不安	●不安	●関心（心配）
	●罪意識	●敵意	●事情にあった否定的感情（不満、失望、不安、いらだち）
	●憂鬱	●憂鬱	
	●恨み	●（後に）罪意識	
	●敵意		
行動	●消極的	●怒鳴る	●穏やかに固執する
	●犠牲	●ののしる	●意見や欲求を素直に述べる
	●わびる	●ものに八つ当たりする	●節度ある現実的な目標を穏やかに追求する
	●めそめそして不平をいう	●おどす	
	●降参、またはあきらめる		
	●人をつったり、脅したりして要求する		
	●妥協したくない	●妥協したくない	●妥協してもいい
	●復讐する	●復讐する	

ジャネット・ウルフ「受け身的・攻撃的・アサーティブ行動様式」『実践家のための論理療法リソースブック』1993より一部修正を加えて引用

＊13 **Win-Win**
人間関係において、Win-Lose（勝ち・負け）ではない、勝ち・勝ちという人間相互を活かした関係が成り立っていること。勝ち（win）とは、自分の才能や資質を十分に引き出し社会に貢献している状態である。一方負け（lose）とは、自分の能力や資質を値引きして自己嫌悪の状態で不平や不満を訴えている状態である。

＊14 **協働的リレーションシップ**
認知療法(cognitive therapy)や認知行動療法(cognitive behavior therapy)ではクライエント・セラピスト関係で協働的(collaborative)なリレーションシップを重視する。アジェンダ（例えば趣味について語るなどのテーマ設定事項）やエクササイズを通して、これを実現する。

第2部

セルフアサーショントレーニングの奥義

◉金魚鉢方式のロールプレイング

◉セルフに気づく

3 金魚鉢方式のロールプレイング

遊びをせんとや生まれけむ、戯れせんとや生まれけん、
遊ぶ子どもの声きけば、わか身さへこそゆるがるれ
——梁塵秘抄より

体験から学ぶことの意味

この金魚鉢方式[＊1]のロールプレイング[＊2]を取り上げた背景についてお話をします。

アルバート・エリス研究所の元副所長でアルバート・エリスのパートナーであったジャネット・ウルフ[＊3]によると、セルフ・アサーション・トレーニングを実施する際のプログラムの八〇％はＲＥＢＴ[＊4]あるいはＣＢＴ[＊5]（認知行動療法）で、残りの二〇％は行動療法[＊6]によるロールプレイングで構成して実施しているといいます。

私はこのバランスでセルフ・アサーション・トレーニングのプログラムを作ることはとても良いことだと思っています。その理由について、私の体験からお話ししましょう。

一九九八年九月のことです。私の恩師である故村井《むらい》健佑《けんすけ》[＊7]から、東京消防庁でカウンセリングの講師を担当してもらえないかと依頼を受けました。そのご縁で、私は現在まで東京消防庁で仕事をしています。私の職名は東京消防庁惨事ストレス対策専門指導員です。こ

＊1 **金魚鉢方式**
fish bowl
人間関係およびカウンセリングを学ぶ人々のコミュニケーション・スキル・トレーニングの一つの技法。原則として三班構成で、三重の同心円をつくる。

＊2 **ロールプレイング**
roleplaying
集団療法の一つである心理劇の技法で、「役割演技」ともいわれる。日常の束縛をなくして自発的に役割を演ずることによって、人間関係を見直すという目的がある。カウンセリングを体験的に学ぶ方法

の職種ができあがったのには、ひとつのいきさつがあります。

我が国は、戦後五〇年の節目の一九九五年一月一七日に大惨事に見舞われました。いわゆる阪神淡路大震災です。それまでは、消防職員に対する心のケアに関する施策は一切ありませんでした。消防職員というのは勇猛果敢に災害に立ち向かうものである、と誰もが考えていた、そういう時代でした。

ところが、阪神淡路大震災後には、援助専門職である消防職員も災害現場の被災者と同じように心に傷を負うということが認識されはじめたのです。いわば、隠れた被災者です。すでに欧米諸国のさまざまな研究から、災害現場に出動し、救助活動を行う消防職員にも、被災者と同様、心理的な負担がかかることは明らかになっていました。

遅ればせながら我が国でも、集団療法的手法[*8]による惨事ストレスの解消・緩和対策が始まりました。災害心理学を専門としている村井健佑の指導のもと、それを初めて行ったのが東京消防庁です。その頃、村井はカウンセリング心理学が専門の私に協力を求めたのです。私はそのお誘いをありがたく受け止めました。それ以来、東京消防庁との関わりは約二〇年間にわたって続いています。

■見取り教育

こうした体験から学んだ大きな成果のひとつは、いわゆる「見取り教育」という学習方法です。ある消防職員は、「自分の職業的能力を向上させるのに、先輩の立ち居振る舞いを観察して盗む」と言います。ですから、消防学校では義務教育あるいは高等学校のように座学で手取り足取り教え、学ぶという学習方法はほとんど採っていないというのです。

として、模擬的に面接を行い振り返りの訓練として取り入れられている。

＊3 ジャネット・ウルフ
Wolfe, J.L.
臨床心理学者であり、アルバート・エリス研究所の元副所長。A・エリスのベストパートナーとして一九六五年から二〇〇二年まで生活をともにしていた。来日四回。

＊4 REBT
Rational Emotive Behavior Therapy
人生哲学感情心理療法。一九五五年にA・エリスが哲学的洞察と行動療法を統合し説いた理論が始まり。当初はRT(Rational Therapy)、論理療法と呼ばれていたが、感情を重視しない理論、という非難に対応するため、六一年にRET(Rational Emotive Therapy)と名称を変更した。さらに、九二年にも、REBT(Rational Emotive Behavior Therapy)と変更し、現在に至っている。詳しくは7章参照。

さて、この「観察して盗む」というのは、決して真似をすることではありません。学習における「観察して盗む」というのは、先輩の所作をもとにして自分のスタイルを確立することです。一方、「真似をする」というのは、先輩の単なるコピーになることです。ここに大きな違いがあるわけです。

さて、後ほど述べる金魚鉢方式のロールプレイングは、「観察して盗む」という学習方法がもとになっています。実は、観察して盗む学習能力には、脳研究でいうところのミラーニューロンが関わっているという発見がありました。これは、二一世紀の大きな発見、研究成果です。私たちは、他者をお手本にし、観察して、自分を成長させようとしているわけです。

SATハウスへの招待

ここで紹介する「SATハウス」のSATとは、Self Assertion Trainingの頭文字です。ハウスは、人間が土台になっていることを意味しています。図1を元に、SATハウスについて解説しましょう。読者のみなさんが、セルフ・アサーション・トレーニングを学ぼうとするとき、要《かなめ》となるいくつかのポイントをこの図は示しています。

土台である人間の上のファシリテーター[*9]（FACILITATOR）というのは、心理学を基礎とした理論や技法の学習を済ませた指導者を意味します。この指導を結実するための仕組みを、二本の柱と一本の梁《はり》の三つで述べてみます。

一本目の柱はSCAT[*10]です。読者のみなさんの現在のアサーション能力を、思いつきや主

＊5 CBT（認知行動療法）
cognitive behavior therapy
学習理論を基盤とする行動療法とクライエントの認知に焦点を当てる認知療法を統合した心理学的技法。クライエントの問題の状態に合わせて適宜組み合わせて介入を行う心理療法。

＊6 行動療法
学習理論に基づく心理療法のこと。

＊7 村井健佑
（1936-2001）
元日本大学文理学部教授。専門分野は社会心理学、災害心理学。

＊8 集団療法的手法
同じ目的を持つ参加者がお互いの相互作用を通じて問題を解決する手法。

＊9 ファシリテーター
facilitator
本来の意味は世話人。ここで

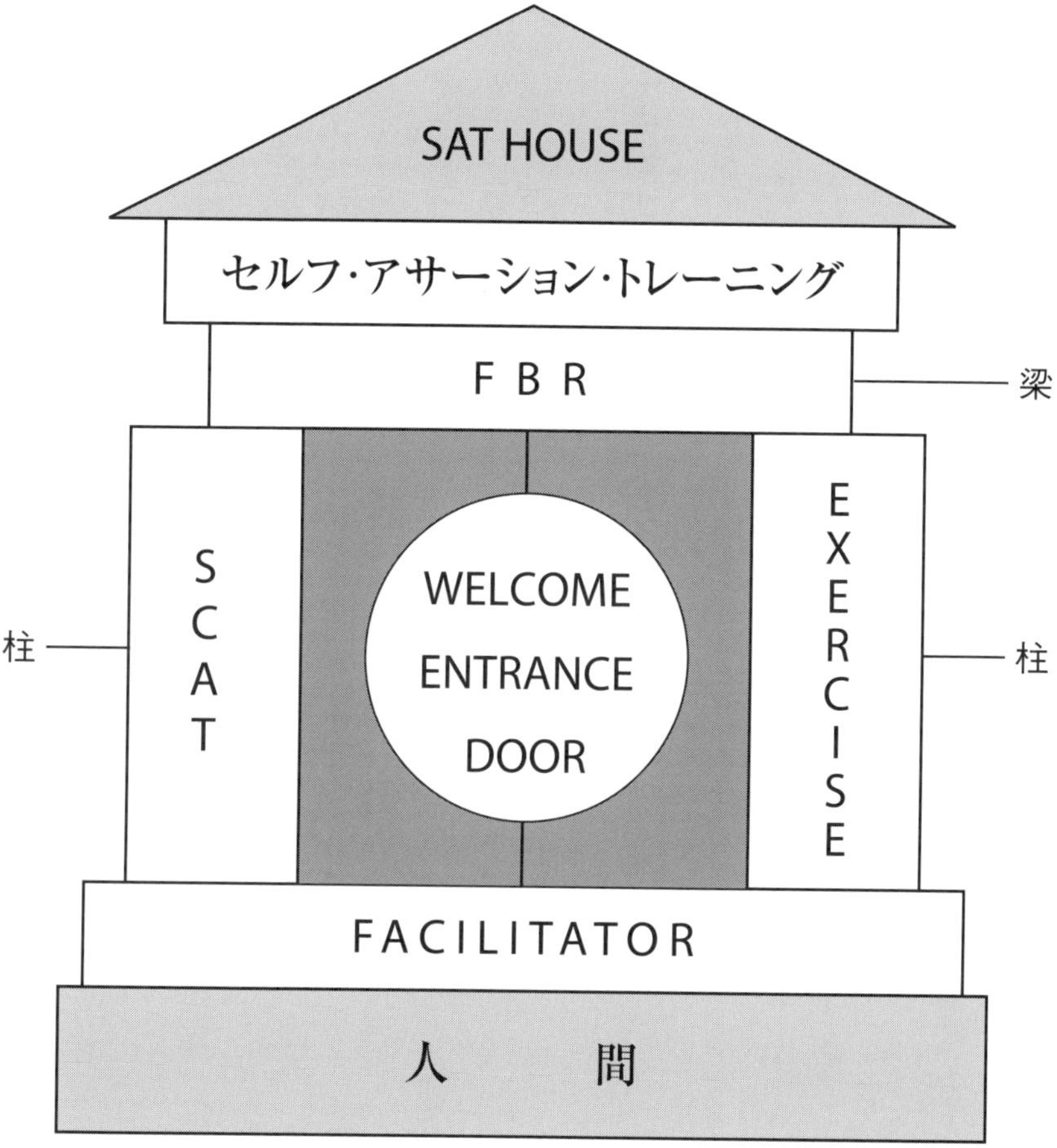

図 1　SAT HOUSE

SAT は、Self Assertion Training の頭文字を取って作りました。家である HOUSE は人間が土台に成っていることを意味しています。その前提で、FACILITATOR は「心理学」を基礎学とした理論と技法を習得します。これを結実させる仕組をイメージしたのが「SCAT」「EXERCISE」「FBR（Fish Bowl Roleplaying ＝金魚鉢方式のロールプレイング）」といった二つの柱と一つの梁（はり）です。この家はいわば、読者がアサーティブ行動を身につける「アサーション・ジム」なのです。

観的な判断ではなくて、客観的な量的なデータとして確認する一種のチェックリストです。

二本目の柱はエクササイズです。エクササイズというのはアサーティブになるための課題で、これに取り組むことで成長が促されます。このエクササイズを通して、アサーティブ体験をすることができます。

そして三つめ、SCATとエクササイズに支えられた梁《はり》にあたるものがFBR（Fish Bowl Roleplaying）、いわゆる金魚鉢方式のロールプレイングです。このことについては後ほど詳しく説明します。

このSATハウスは、非アサーティブであると気づいている行動を修正し、アサーティブ行動を身につけるための「アサーション・ジム」でもあります。これを俯瞰的に図示したのがここに示した図1なのです。

体験学習のサイクル（DLTGサイクル）

かつて私がスーパーヴィジョンを受けていたスーパーヴァイザーの故六角浩三《ろっかくこうぞう》*11は、「DLTGサイクルが、体験学習のモデルである」と常々話していました。DLTGサイクル（図2）とは、人が成長するためのサイクルのことです。

では、体験学習とは一体どういう学習なのでしょうか。

六角によると、「体験学習というのは、自分自身の感情・態度・思考・価値観・欲求・行動というものを、一定の手順を踏んで学んでいくこと。ただし、それは個人の主体性を通じてのみ効果的に達成される」といいます。体験学習はこのような一定の手順をくり返

はグループ・アプローチなど特別な訓練を受けた対人援助職の名称を指す。グループ・カウンセリングなどを行うとき、司会や進行の促進をするが直接参加はしない。トレーニングの参加者がアサーティブに近づく手助けをする。

*10 **SCAT**
Suganuma Comicstrip Assertion Testの略。自己診断ができるアサーション・テスト。詳しくは補遺1を参照。

*11 **六角浩三**
（1932-1997）元日本TA協会会長。一九七〇年、組織行動研究所創設。日本に国際TA協会のトレーニング・プログラムを紹介し普及させた。

しながら進めていきますが、さらに次のようにも述べています。「体験学習を他の面から見ると、誰もが持っている感情・思考・行動の各レベルを総動員する必要がある。したがって、体験学習は全人格的学習といえるものである」と。

現在、義務教育あるいは高等学校、大学教育の中で、座学の代わりになるアクティブ・ラーニングが必要とされています。アクティブ・ラーニングというのは、ここでいう体験学習や、問題解決学習にあたり、受動的姿勢で教師の話を聞いてノートに取るだけのいわゆる〝講義中心の授業〟とは異なります。能動的に自分達で課題を見つけ、次いでその課題を解決するためのアプローチを決め、決めたならば、それを実行し、そして、その実行した成果をデータとして収集し、解析し、それをプレゼンテーションし、さらには仲間と解析結果をシェアリング[*12]するという、こういう学習です。

超高度情報化社会といわれる現代において、なぜアクティブ・ラーニングが必要かというと、私たちは、社会が便利になるにしたがってものぐさになってきています。リスクを取り、自分の身体を動かして気づきをもたらすような学習には不慣れになっているのです。

そのことによって、人間の創造性というものが衰退していってしまう可能

図２　DLTG サイクル（体験学習のサイクル）
六角浩三『自分のボスは自分だ』組織行動研究所，1999 年，P135

*12 シェアリング
sharing
集団体験における思いや感情をメンバー間で分かち合うこと。構成的グループ・エンカウンター（SGE）やサイコドラマ等で行われ、主に活動の最後に用いられる。

性がある。それにいち早く気づいた六角は、体験学習の必要性というものを、先見の明をもって説かれていたのだと私は思うわけです。

■DLTGサイクル

さて、もう一度このDLTGサイクルの話に戻りましょう。

まず、「D」は「経験する」ということで、英語「Ｄｏ」の頭文字です。体験学習は行動を起こすことから始まります。ここでいう行動は何かをすることではなくて、何かを表現するということを意味します。したがって、単なる舌先三寸の話ではなくて、主体的な行動が問われるわけです。

次の「L」は、今何が起きているのかを指摘することです。英語「Ｌｏｏｋ」に基づいています。これは経験したことを思い起こし、グループあるいは個人の中で特定の具体的な事象を選択することです。さらにこれを仲間とシェアリングすることで、選択した事象に焦点を当てることが可能になってきます。それにより、何が起こり、何を経験したかということを、より深く明確にすることができるわけです。したがって、「あのときあそこで」という過去の事象ではなくて、「今ここ」で起こっている事象を学習の素材として検討しあいます。

次の「T」は「Ｔｈｉｎｋ」のTで、分析することを表しています。これは、選択した事象をより理解するために、背景のプロセスを理解し、見極めようとすることです。経験した中で具体的となった事象もより深く、知的な、あるいは論理的な側面から理解します。そうすることで、経験の成果をより深く自分の資源とすることが可能になり、また、他者に対してより論理的に説明することが可能になるわけです。

次の「G」は「Growth」のGで、仮説化するということです。仮説化とは、経験したことを今後どのように活かすか、また、今まで自分が持っていた仮説、あるいは前提と比較します。すでに述べたD-L-Tの段階を含めて、どのような変革があるかを学習するのです。したがって、ここでの仮説とは、私たちが物事を判断するときの前提になることを指し示しています。経験によってこの仮説を修正したり、新たな仮説を付け加えたり、ときには、これまで持っていた仮説を捨てる場合もあります。

これらをエクササイズに落とし込んで、セルフ・アサーション・トレーニングを行うのです。

■エクササイズ

では、エクササイズはどういうものと考えたらよいのでしょうか。エクササイズは、カウンセリング心理学者の國分《こくぶ》康孝《やすたか》*13により、我が国に初めて導入されました。

ところで、私は「学習」理論を基礎として、エクササイズは次の四つの基準を満たすものだと考えています。

基準1：経験者が、行動変容の達成を目標とした作業課題である。
基準2：経験者が、最小の努力で最大の学習効果を上げるための作業課題である。
基準3：経験者が、愉快に参加できるための作業課題である。
基準4：経験者が、思考・感情・行動の各機能を統合するための作業課題である。

これらの基準を満たしてできたエクササイズは、読者が一人で行うことも可能ですが、一人

*13 **國分康孝**
(1930-)
東京教育大学大学院修士、ミシガン州立大学大学院博士修了。哲学博士。元日本カウンセリング学会理事長。東京成徳大学副学長などを歴任。現在、日本教育カウンセラー協会会長。日本におけるカウンセリング心理学の第一人者である。

で行うには、おのずと制約があります。実際はグループで取り組むことが望ましいでしょう。

この本の中では、エクササイズを提案するときには、その実施手順を目的・理論的背景・方法の解説によって、できるだけ詳細に説明していきます。エクササイズの研究成果であるエビデンスを明らかにした上で、読者はエクササイズに取り組むわけです。この経験が、非アサーティブであるという気づきから、アサーティブに成長できているということを確認する、ひとつの目安になることと思います。

事例の「こたえ」は複数ある

■ロールプレイングとは

いよいよ経験する段階です。今まで学んで来たアサーティブ行動の目標を明確化できるようになったら、それをロールプレイングで学んでいきます。

ロールプレイングの理論的背景には、役割理論[*14]があります。つまりロールプレイングを簡単に定義すると、想定された問題をもとに、登場する人物ごとに役割を決めて演じていき、そのなかから改善点や解決法などを模索していくもの、ということになります。問題とはもちろん、自分が「アサーティブ行動に変わりたいこと」で、最終目的は自己成長です。

実施にあたっては、ルールがあります。

1　プライバシーの保護
2　肯定的フィードバック[*15]を意識的に行う

*14 **役割理論**
role theory
性格と性格形成には社会的役割が大きく影響していることを体系化した理論。ミード(Mead, G.H)により初めて体系化された。ある地位に置かれていることで期待される義務的行動とその地位にあるがゆえに行いうる権利的行動がある。

*15 **肯定的フィードバック**
フィードバックは、もともと工学における制御理論の概念。出力の情報を入力側に戻すこと。心理測定などでは、途中経過や結果を被験者に伝えることを示す。ここでは被験者に対して肯定的な内容の結果を選び出して伝えることをいう。

3　ロールプレイングへの参加は自由で、強制ではない

ここでは金魚鉢方式のロールプレイング（図3）について解説しましょう。

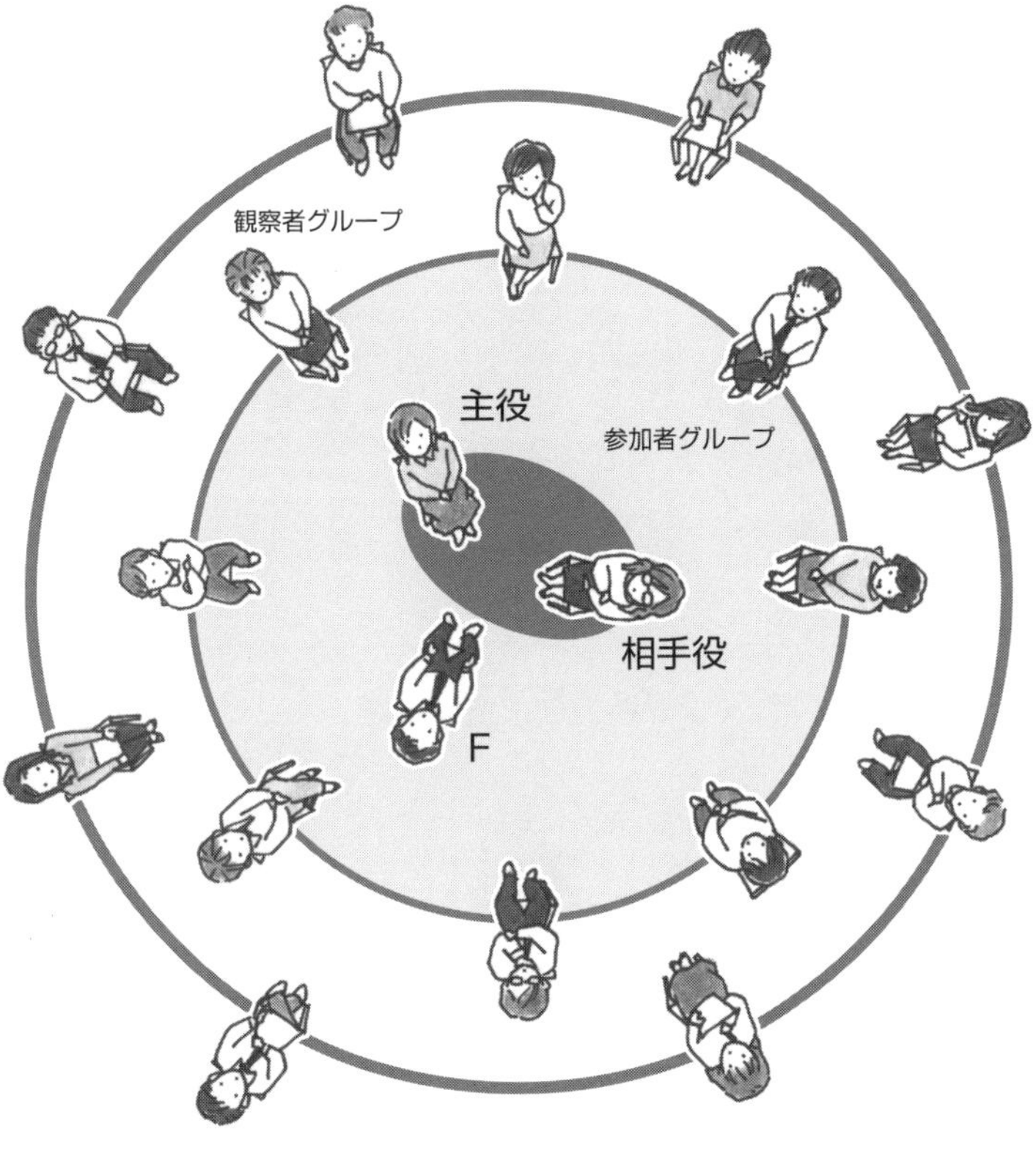

図3　金魚鉢方式（FBR）のロールプレイング
中心の主役と相手役、及びファシリテーター（Fで表示）を囲むように座っているのが、参加者グループ、そしてそれらをさらに囲むように座っているのが観察者グループです。参加者グループのメンバーは場合によって主役や相手役にもなりますが、観察者グループは徹底してロールプレイングの観察を行います。

まず、このロールプレイングへの参加意欲を事前のアンケート(図4参照)で確認します。そのうち参加意欲の強い人を参加者(Participant)グループに、それほど高くない人を観察者(Observer)グループに分けます。

ロールプレイングを行うのは参加者グループのメンバーです。グループの中から、問題解決をする「主役」と、その「相手役」を挙手で決めます。参加者グループの主役と相手役以外のメンバーは「フロアー」[*16]と呼ばれ、ロールプレイングの結果に対して肯定的な意見を述べる「肯定的フィードバック」を行う役割を担当します。

ここで主として進行を担当するのがファシリテーターです。ファシリテーターとはロールプレイン

ロールプレイング参加欲求度調査票

氏名 ＿＿＿＿＿＿＿＿＿＿ 性別(男・女)

＊あなたがロールプレイングでしたい役は次のどれですか。
一つ選んで数字に○をつけてください。

5−参加者になりたい
4−どちらかといえば参加者になりたい
3−どちらでもいい
2−どちらかといえば観察者になりたい
1−観察者になりたい
0−今回は遠慮したい

図4　ロールプレイング参加欲求度調査票(アンケート)
このような参加欲求度調査票で事前に意志を確認しておく

*16 **フロアー**
floor
金魚鉢方式のロールプレイングに参加するグループのうち、主役と相手役以外のメンバーの名称。こうしたメンバーを支える意味でフロアーという。さらに観察と肯定的フィードバックをする役割も含んでいる。

グの研修を受けた一定のスキルを有する人のことで、司会進行、介入、アドバイスは行いますが、ロールプレイングに直接参加することはありません。

ロールプレイングの進行過程は、次のようになります。

①主役が、非アサーティブ行動の課題を語る。
②主役が、契約的手法[*17]で変化の内容を話して目標設定する。
③主役と相手役が経験をシェアリングする。
④主役が、普段の行動で行う[*18]ロールプレイングを実践する。
⑤参加者が肯定的フィードバックをする。
⑥主役が、アサーティブ行動を目標にしたロールプレイングを実践する。
⑦主役と相手役が経験をシェアリングする。
⑧参加者が肯定的フィードバックをする。
⑨主役が目標の達成度を報告し、継続か終了かを判断する。終了の場合は、アンカーリング[*19]をする。

エクササイズでは、このロールプレイングをセルフ・アサーション・トレーニングのアプローチとして採用しています。その理由をお話ししましょう。

人間関係をよりよくするためには、当事者間における相手の立場をまず理解する、また、理解するための姿勢を育成しなければなりません。人はとかく「自己中心的」になりがちです。自分の立場だけにこだわって、相手の立場というものをなかなか理解しようと

*17 **契約的手法**
TA（交流分析）の概念。ロールプレイングの主役が望む変化を達成する責任を分かち合う声明である。契約は、主役がファシリテーターと平等にかかわる存在であることを確認するプロセスである。

*18 **普段の行動で行う（普段のし方）**
usual way
オペラント条件づけでは、行動形式を目標にトレーニングをする際にフリーオペラントのセッションがある。条件づけをしない状態で自由な反応を記録する時間であり、それによって条件づけ後の反応と比較することができる。比較の基準として、普段の行動を周知しておくのである。

*19 **アンカーリング**
anchoring
セラピーが終結したときに、クライエントがその達成感を忘れないで覚える手がかりを獲得する目的で実施する。

しない傾向がある。では、どのような方法をとれば、相手の立場を理解しようとする姿勢を身につけることができるのでしょうか。

それにはいろいろな方法がありますが、最も直接的で効果的な方法は、相手の立場に立つということです。

例えば、私は五三歳から五九歳まで、職場が変わったために地方都市で単身赴任生活を送りました。その頃、生活状況に耐えかねて、母親に愚痴をくどくどと並べたことがあります。すると、ふだん穏やかな母親が強い口調で言いました。曰く、「お前は女性の立場に一度でも立って考えたことがあるのか。自分の育った家から他家へ嫁に行った女性は、ゼロから嫁ぎ先の家風を学ぶのだ。そうした立場を考えたことがあるだろうか」。母親の教えとして、今でも自分を戒めるようにしています。

このように、相手を理解するには、相手の立場に立つことが最も効果的な方法だといえるわけです。

しかし、それはなかなか困難なことです。そこで、現実には、一種のシミュレーションによって相手の立場に立ち、擬似的な体験を促すことがあります。それがここでいうロールプレイングです。

ただ、誤解がないようにいうと、ロールプレイングは一般の演劇と同じではありません。その本質的な差異はどこにあるかというと、演劇には台本やシナリオというものがありますが、ロールプレイングにはそれがないのです。

つまり、ロールプレイングというのは、現実にあった、あるいは起こりうるであろう問題を想定し、その問題の原因となるもの、背景となるもの、介在する人々の立場を分析・

理解する。しかも、担当している役割を通してそれらを理解し、自由の場面を発展させ、各自が改善点や解決点に気づいていく学習の方法なのです。

■「こたえ」の意味

さて、このロールプレイングは、問題の「こたえ」は一つとは決まっていません。少しだけその「こたえ」についてお話しましょう。

「こたえ」は、漢字には「答」と「応」の二つがあります。前者の「答える」は、英語の answer です。後者の「応える」は、英語の response です。answer には正解または誤答があります。しかし、response には、応えは無数に存在します。つまり、何が正解で誤答であるかが決まっていないわけです。したがって、応えは、より適切であるか不適切であるか、より効率であるのか、より非効率であるのかということが問われてくるわけです。

■ロールプレイングの応えを導くエクササイズ

それでは、ロールプレイングの応えはどのように導き出されるのでしょうか。実際に行われたロールプレイングから作ったエクササイズの事例で見てみましょう。エクササイズは、ロールプレイングでの発言をまとめた四枚のＲＰ《ロールプレイング》カード（38～39ページ）と、記入用紙（40ページ）を使用して行います。

【インストラクション】

① RPカードA、B、C、Dを読みます。
② アサーティブ行動が顕著に表現されていると思う段階に従って、RPカードを並べてください。記入用紙同様、一番アサーティブな行動のカードを左端に、また、一番非アサーティブな行動のカードを右端にします。
③ そのように並べた根拠となる主役の発言に下線を引いてください。
④ その部分がなぜアサーティブな行動であったと判断したのか、あるいは、なぜ非アサーティブな行動であったと判断したのか、その理由を説明できるようにしてください。
⑤ それらを記入用紙に記入してください。

■エクササイズの実地体験

私がこのエクササイズをセルフ・アサーション・トレーニングの学習で使ったところ、RPカードの並べ方には三つのパターンがありました。パターン1の並べ方はA–D–B–C、パターン2の並べ方はA–C–D–B、パターン3の並べ方はD–A–C–Bです。

議論になったのは、主役が「卑怯」という言葉を使ったRPカードです。この「卑怯」という言葉は、一般的には、「攻撃的だ」と捉えることから、攻撃的であるのか、そうではないのかという判断に迷いが生じて、このように異なる結果になったと考えられます。

実際、この事例では、主役の一番アサーティブな発言があるのはカードDですから、このエクササイズの応えとしては、D–A–C–Bの順序になります。したがって、パターン3が最も妥当な順序になるわけです。

「事例のこたえは複数ある」というこの節の結論からいうと、主役は文脈上で、つまり、相手と自分との関係の中で「卑怯」という言葉を選び取って相手に伝えているわけです。したがって、その場あるいは場の空気といった状況全体を考慮すると、この「卑怯」という言葉は、アサーティブな言葉であるということになります。

■アサーティブな観点

アサーティブな言葉というのは、良いとか悪いとかいう社会的な通念で判断できるわけではありません。ましてや、ひとつの言葉だけを取り上げて議論しても、判断がつかないわけです。

私は、その理由を二つの観点で考えています。

一つは、アサーティブ行動と非アサーティブ行動というのは、コインの裏と表のように行動の連続性を持っている。つまり、ある状況・場面・文脈の中で起こすその行動が、アサーティブな行動であったり、非アサーティブな行動であったりするわけで、最初からアサーティブ行動ありきではないということです。

もう一つが、2章でも触れた状況特異的行動という観点です。『自己主張トレーニング』[*20]の著者であるアルベルティとエモンズは、この言葉を「アサーティブ行動というのは一律ではなく、人と状況に応じて決まってくる」と説明しています。

これらの観点をまとめると次のようになります。

*20『自己主張トレーニング』東京図書刊。原題『Your Perfect Right』の邦訳。アサーティブネス・トレーニング分野におけるバイブル。邦訳は二〇〇九年に改訂新版が刊行されている。

ロールプレイングから作成したRP《ロールプレイング》カード

RPカードA

B： 先輩、聞いてくださいよ。
A： ちょっと待ってね。時間がないから、ちょっと待っててね。
B： でも、すごい悲しいんです、先輩。聞いてくださいよ。
A： じゃ、さっと流して聞くから、話していいよ。
B： さっき給湯室へ行ったら、○○子さん、セクハラされていたんですよ。
私、見ていて悲しくて悲しくて、先輩、どうにかしてください。
A： それはBさんが助けてあげたら。
B： 私、そんなことできない。先輩だったらできるもん。
A： 私にやってほしいわけ、それを。
B： うん。
A： でもそれは、Bさんが助けてあげたいなと思ったことだよね。
B： そうだけど……。
A： それを私にやって欲しいというのは、なにか私としては責任転嫁されているような気がするのね。やったことによって責任があるから、だからなんとなく責任を取らされるような尻ぬぐいは私はしたくない。
B： はい、分かりました。

RPカードB

B： ねえねえ、Aさん。
A： はい。
B： ちょっと話があるんだけど。
A： ちょっとごめんね、今ね、時間がないもんだから、あとから話してね。
B： でも、あの、すごい大事な話なの。ちょっとだけでいいから。
A： うん、いいよ、いいよ。じゃあ、……。
B： ちょっと聞くだけでいいから。
A： いいよ。
B： あのね、さっきね、給湯室へ行ったら。男の人が○○子さんのことをすごくセクハラしてるの。私そういうの見てもう許せないの、すごく。どう思う？
A： うーん。それはまたあとで聞くから。
B： でも、私達女性として、ああいうのは。
A： うーん。
B： おかしいと思うでしょう。
A： うん、思う。そうだよね。
B： でもね、私から言うわけにも行かない。もう見ているとかわいそうで、でも私の力で助けてあげられないし、もうAさんしか助けてくれる人いなんですよ。
A： うーん、じゃ、ちょっと私、行ってくるわ（苦笑）。

RPカードC

Ｂ： 先輩、ちょっと聞いてください。
Ａ： ちょっとごめんね、今ね、時間がないもんだから、あとから話してね。
Ｂ： でも……すっごいね、私、悲しいんですよ。
Ａ： えっ、どうしたの。
Ｂ： だってね、さっきね、給湯室に行ったら、〇〇子さんセクハラされているんです。
私、もう見たら悲しくて悲しくって……。そんなこと許していいと思うんですか。
私、もうすごい、すごい悲しいんですよ。
Ａ： 自分で言ってあげたら？
Ｂ： だって、私そんな力ないし。
Ａ： それで、何か私にやってほしいと思っているわけ？
Ｂ： 先輩だったら助けてくれると思って。すごい悲しかったんです、私。
もう見てられなかったの。すごい悲しい。どうにかしてくださいよ、先輩。
Ａ： ちょっといい？　そういっていつも泣いたりとかするんだけれども、
すごく私、その涙とかあなたの行動が、何かそれによって私がコントロール
されちゃうような怖さを感じるのね。
Ｂ： はい。
Ａ： だから……。それをずっと今まで言いたかったことなんだけど。
Ｂ： 私、別に先輩をコントロールしようとは思っていなかったんですけど。
Ａ： でも何か、私はどうしても動いてしまうし、今までもそうだったよね。
Ｂ： うん。

RPカードD

Ｂ： 先輩、聞いてくださいよ。もう私、悲しくて、泣けて泣けて悔しいんです。
Ａ： ちょっと待って、時間がないから。
Ｂ： でも、聞いてくださいよ。さっきね、〇〇子さん、セクハラされていたんですよ。
Ａ： セクハラ？
Ｂ： 許せると思います？　もう私、悲しくて悲しくて。
先輩しか頼れる人いないんですよ。
Ａ： 私じゃなくて、Bさんが止めてあげたらいいじゃない。
Ｂ： 私がですか。
Ａ： うん。
Ｂ： でも、先輩のほうが、先輩が行ったら絶対止まると思うんですけど、
お願いしますよ、先輩。
Ａ： そう泣かないで。そう言って私に行かせたいわけだよね、止めさせたいわけだよね。
Ｂ： だって先輩、頼りになるもん。
Ａ： あなたが思ったのだから助けてあげればいいんだけれども、
それを私にやらせるっていうのは、私としてはすごく卑怯に思えるよ、責任転嫁で。
私は尻ぬぐいをしなければいけなくなるから、それは卑怯だと思うよ。
Ｂ： はい、わかりました。

ロールプレイングの応えを導くエクササイズ

RPカード（カードA〜カードD）を読み、アサーティブ行動が顕著に表現されている順に並べてください。また、順序を決めた根拠となる主役の発言に下線を引いてください。さらにその部分がなぜアサーティブ行動であるかその理由を説明してください。

一番アサーティブな行動のカード			一番非アサーティブな行動のカード
カード：	カード：	カード：	カード：
理由　：	理由　：	理由　：	理由　：

〈記入例〉

カード： C	カード： A	カード： D	カード： B
理由　： Bの涙がAをコントロールする道具として使われていると指摘している。	理由　： Aはきっぱりと Bの尻ぬぐいはしたくないと伝えている。	理由　： AはBに対して卑怯や責任転嫁という強い表現をしている。	理由　： Aは、受け身的にBに乗せられている。

(1)アサーティブ行動と非アサーティブ行動は単一概念ではなく、連続した対概念である。したがって、一方が良く、他方が悪いという、あらかじめの前提があって評価できるものではない。極めて流動的であるし、文脈的である。

(2)行動は状況特異的判断である。たとえ、「卑怯だ」「尻ぬぐいさせられている」といった強い言葉で表現したとしても、文脈上あるいはメッセージの送り手と受け手という関係性の観点からはアサーティブであると判断できる。

このようなことが、アサーティブであるのか、非アサーティブであるのかを分析するときに大変重要になるのです。

金魚鉢方式のロールプレイングの事例

さて、実存哲学[*21]という立場があります。マルティン・ブーバー[*22]によれば、メッセージの送り手と受け手の関係性というのは、「我《われ》」と「汝《なんじ》」の作り出す世界とも考えられ、それを第三者が理解するには、文面だけで読み解くのはとても難しいことだといいます。それを突破するためには、我と汝が生み出す世界を、文脈を踏まえたうえでイマジネーションを膨らませて共感する姿勢というものが問われてきます。

そこで、アサーティブ行動が文脈によって決まるということを理解していただくために、先ほどの事例のロールプレイング全体を紹介します。使用した四枚のRPカードはこの事例の中から抽出しましたが、第三者がRPカードのみを読んでも、どの部分がアサー

*21 **実存哲学**
主体的に生き、真の自己(実存)に目覚め自己実現することを説く思想。

*22 **マルティン・ブーバー**
Martin Buber(1878-1965)
オーストリア出身のユダヤ系宗教哲学者。我と汝の対話的状況を考察の根底とする哲学的人間学を説いた。主著に『我と汝・対話【新装版】』(みすず書房、二〇一六年)がある。

ティブであるのか、非アサーティブであるのかはなかなか判断できず、混乱しがちです。事例はロールプレイングの臨場感が伝わるよう逐語形式で表記しましたので、会話の流れを意識しながらこれを読み、主役がアサーティブ行動へと変容していく過程を追体験してください。

ロールプレイングの事例は、次の四つの段階からできています。

1. 主役が普段どおりに行動する段階
2. 主役がアサーティブ行動になる段階（一回目）
3. 主役がアサーティブ行動になる段階（二回目）
4. 主役がアサーティブ行動になる段階（三回目）

ロールプレイング事例

【主役】A（女性）三一歳。会社員。

【背景】Aさんは、人に頼られると断ることができず、忙しいときでも引き受けてしまうことが多い。最近、後輩の一人が社内でいじめを発見するたび、Aさんにどうにかしてほしいと頼みに来る。その後輩はAさんを頼りにして気を遣う一面もあり、仕事の面では育てていきたい存在であるため、その関係性を含めたかかわりをしたいと望む。しかし、後輩が涙ながらに訴えたことからAさんがその意思を実行したことに「はめられた」と感じた出来事があり、コントロールされているのではないかという怖さを感じるようになった。そこで課題として、この「怖い」という気持ちを伝えたいとするが、ロールプレイングのなかで怖いと思っていた感情が実は「不安」の感情であることに気づき、最終的にはこの感情を扱うこととなる。

【目標】「不安」という感情を表現する。

【相手役】B（女性）Aを頼る後輩。

C・D・E・G（観察者）

F（ファシリテーター）

【場面】Aが忙しく仕事をしているデスクにBがやって来て話しかける。

■主役が普段どおりに行動する段階

F◉それでは、相手役と観察者の方はAさんへの肯定的フィードバックをすることを頭に入れておいてください。では、スタート。

B◉ねえねえ、Aさん。ちょっと話があるんだけど。

A◉ちょっとごめんね、いま時間がないから、後から話してね。

B◉でも、すごく大事な話なの。ちょっとだけでいいから。

A◉うん、いいよ。じゃあ……。

B◉さっき、給湯室に行ったら、男の人が○○子さんのことをすごくセクハラしてるの。私、そういうのを見ると許せない！　どう思う？

A◎うーん。それはまた後から聞くから。

B◎でも、私達女性として許せないの。おかしいと思うでしょう。

A◎うん、そうだよね。

B◎でも、私から言うわけにいかないし。見ているとかわいそうで、私の力で助けてあげられないし。もうAさんしか助けてくれる人がいないんですよ。

A◎うーん、それなら私、ちょっと、行ってくるわ（苦笑）。

F◎はい、そこまでです。先にBさん、相手役としての感想はどうですか。

B◎うまく乗せることができた感じです。

F◎Aさんの感想は。怖さは感じた？

A◎いまはあまり感じなかったです。断ろうと思ったら断れたですね。そんなに悪意がないように見えたので余計に感じなかったのかもしれないのですけれども。

●肯定的フィードバック●

F◎観察者の方は、Aさんに肯定的フィードバックをしてください。

C◎相談されて真剣になって、自分が優先しなければいけない仕事があっても見捨てずに聞くという気持ちがすごく良かったです。

D◎とても後輩の面倒見がいい人だなと思いました。忙しいのに話を聞いてしまう。思いやりを感じました。

F◎Aさん、いまいろいろな人からメッセージを聞いて、どんな感想を持ちましたか。

A◎思いやりがあるとは自分では思っていなかったものですから、ちょっと意外に感じました。

■主役がアサーティブ行動になる段階（一回目）

F◎今度はアサーティブな行動に変わるという、変化を目標にしてロールプレイングを始めます。どう変わりたいですか。

A◎私はどうしてもBさんに頼られることで動いてしまうので、これに対して「彼女にコントロールされそうな気がして怖い」ということを伝えたいです。

F◎その怖さを感じているということをどのように伝えたいですか。

A◎Bさんに、泣いて欲しいんです。泣いたときに「ちょっと待ってね」という風に私が割って入りたいです。そこで止めて、泣かれたりするあなたの行動を見ていると、自分が無力化されて、コントロールされそうになる気がして怖いということを伝えたいです。

F◎では、それを目標にしてやりましょう。Bさんが泣く行動から始めてください。はい、スタート。

B◎先輩、ちょっと聞いてください。

A◎ちょっと待って、いま時間がないから後にしてね。

B◎でも……、私、悲しいんですよ。

A◎えっ、どうしたの。

B◎だって、さっき給湯室に行ったら、◯◯子さんセクハラされているんです。私、もう見たら悲しくて悲しくって……。そんなこと許していいと思います？

A◎自分で言ってあげたら？

B◎だって、私にはそんな力はないし。

A◎それで、何か私にやって欲しいと思っているわけ？

B◎先輩だったら助けてくれると思って。すごく悲しかったんです。もう見ていられなかった。どうにかしてくださいよ。

A◎ちょっといい？　そういっていつも泣いたりすると、その涙やあなたの行動で、私がコントロールされるような怖さを感じるのね。

B◎はい……。

A◎だから……それをずっといままで言いたかったんだけど……。

B◎私、別に先輩をコントロールしようとは思ってないんですけど……。

A◎でも、私はそれで動いてしまうし、いままでもそうだったよね。

F◎はい、ストップ。Bさん、いま、あなたは相手役をやってどんな感想をお持ちですか。

B◎最初は、いまセクハラがあることを泣いて言ったんですけれども、途中からだんだん話が変わってしまって、彼女の私に関する気持ちを言われて、泣いている自分の感情がすっと引いてきました。

F◎なるほど。Aさん、終わった感想はどうですか。

A◎とてもぎこちない感じが自分でしました。こう言えばいいと考えたことをそのまま言おうとしましたが、上滑りをしている感じがして。

●肯定的フィードバック●

F◎Aさんに対してどなたからでも肯定的フィードバックをしてください。

E◎相手に自分の思いがどうやったら伝わるかを考えながら言っているように感じました。

G◎相手を傷つける拒絶ではなくて、言われればそう思えるような、私が相手役なら「ああ、そうか」とすんなりなじんだと思いました。

F　Aさんが「私に何かやって欲しいわけ？」というふうに質問をされたでしょう。あの確認は良かった。もう一つは、「ちょっと待って」というのが二回出ています。止めをちゃんと入れている。流されなかったことが良かったと思います。いろいろな人から肯定的フィードバックを聞いていまどんな気持ちですか。

A　あまり大したことじゃないという気がしてきました。普通に聞いてもらっていますし、拒絶された感じを受けなかった。いままでは私がそれを言ったら相手が拒絶されたと感じるのではないかと思ってました。コントロールされそうな気がすることを私は人にあまり言ったことがなかったんです。でも、言ってみて別に怖くないことがわかりました。

F　そうすると、Aさんが怖さをきちんと伝えることを目標にしたロールプレイングの達成度は、一〇点満点で言うと何点ぐらいですか。

A　七点です。

F　七点を基にして二つの選択肢があります。これでロールプレイングを終わらせることと、さらにブラッシュアップをすること、どちらを選びますか。

A　ブラッシュアップをしたいです。

■主役がアサーティブ行動になる段階（二回目）

F　では、目標をさらに変え、Aさんとしてはどう変化したいですか。

A　Bさんに頼られて私は無力化されるような気がするし、彼女は私の弱いところを知っていて、それを使ってうまくコントロールしている気がします。それがすごく怖いと説明したい。

F　コントロールというのはずいぶん抽象的な言葉です。例えば、脅迫されるのも、あるいは、あなた以外に頼る人がいないと褒め殺すのもコントロールです。いろいろなコントロールの仕方があるから、それを言ったとしても、相手に伝わらない。具体的に何を指して相手に伝えたいのですか。

A　涙が嫌です。

F　それも一つの表現かもしれないし、あるいは、仕事中に近寄って言葉かけをしてくるのが嫌だとか、もう少し具体的に相手に伝わる指摘をしないと、Bさんには伝わらないと思います。ストレートに怖いということを口に出すのも選択肢の一つですよ。

A　怖いというのは、その人自身が怖いという感じで？

F　そうです。あなたがそばに寄ってこられるのは怖い。

嫌いじゃないでしょう、育てたいわけだから。

A◉嫌いじゃないです。ええ。

F◉いま二回目の目標づくりをしています。一回目は泣いているBさんに対して止めを入れて、怖いということを伝えることでした。それを踏まえて今度の目標を何にするか。いま、何を感じていますか。怖さですか。怒り？　あるいは悲しみとか不安。

A◉不安か怒り……。不安です。

F◉もし最悪の不安があったとき、Bさんに対してどんなことが起こりそうですか。

A◉Bさんが「こうしたい」と考えたことの実行犯役として、責任転嫁をさせられそうな……。

F◉それではそっくりそれを言うのはどう？「尻ぬぐいを私にさせられそうで怖い、不安を感じる」でいいのかな。

A◉はい。

F◉さっきの怖さを目標にしているよりも、いまの提案のほうがクリアですか？

A◉そうです。これを目標にします。

F◉もう一度確認します。Bさんが泣きながら訴えていることの尻ぬぐいをAさんが引き受けてしまうのではないかという不安を感じているとBさんに伝えたい。

これが二回目の目標です。では、いまから始めます。

（……二回目のロールプレイングで、Aさんは Bさんに「私が責任を取らされるような気がする。私はあなたの尻ぬぐいはしたくない」と伝えられるようになった。相手役のBさんも「Aさんに押し付けている自分が卑怯だなと感じた」と感想を述べた）

F◉さて、尻ぬぐいを不安に感じているということを伝える目標での達成度、一〇点満点でいうと何点ですか。

A◉いまは九点です。

F◉さらにブラッシュアップで三回目にチャレンジするか、これで降りるか、どちらにしますか？

A◉ブラッシュアップします。

■主役がアサーティブ行動になる段階（三回目）

A◉「私はそれは卑怯だと思う」と相手に伝えたい。そこまで言っちゃいけないのかな。

F◉いいですよ、試してみよう。あなたは卑怯なことをやっているんですよ、そのことは私を不安にさせることであると、きちんと伝えたいんですね。では、スタート。

B◉先輩、聞いてくださいよ。もう私、悲しくて、泣けて泣けて悔しいんです。

A◉ちょっと待って、時間がないから。

B◉でも、聞いてください。さっきね、○○子さん、セクハラされていたんですよ。

A◉セクハラ?

B◉許せると思います? もう私、悲しくて。先輩しか頼れる人がいないんですよ。

A◉私じゃなくて、Bさんが止めてあげたらいいじゃない。

B◉でも、先輩が行ったら絶対止まると思うんですけど、お願いしますよ。

A◉そう泣かないで。そう言って私に止めさせたいわけだよね。でも、それは私がやることによって私に責任がかかってくるでしょう。

B◉そうかな。

A◉あなたが思ったのだから助けてあげればいいんだけれども、それを私にやらせるのは、責任転嫁で卑怯だと思うよ。私は尻ぬぐいをすることになると思うのよ。

B◉はい、わかりました。

F◉はい、そこまで。名演技をされたBさん、感想をどうぞ。

B◉すごく落ち着いた言葉で諭すように言われて、言いに行った自分が恥ずかしくなりました。

F◉では、Aさん、主役をやった感想を聞かせて。

A◉ちょっとしどろもどろになりましたが、でも、解決策が見えたなという気がします。

●肯定的フィードバック●

F◉では、Aさんに肯定的フィードバックをしてください。

D◉先程以上に本当に説得力があって、筋の通ったことを言っているなと思いました。この先、後輩の方もそういうことはもうしないだろうし、また成長するんじゃないかなという期待が持てるようにも感じました。

E◉私もさらに説得力が増して、しかも「責任転嫁」や「ちょっと卑怯」という言葉を使いながら、後輩にも気づいてもらうことができたと思います。

F◉Aさんとしてはいまどんな感じですか。

A◉すっきりしました。「卑怯」という言葉はなかなか人に対して言えないし、まず言ったことがないですけど、そんなに大変なことになるわけではないことがわかりました。自分のなかでもそんなに重くはなかったなと気が付きました。

F◉三回目のアサーティブな行動を目標にした達成度、一〇点満点で言うと何点ぐらいですか。

A◉一〇点です。

F◉やめるのとさらにブラッシュアップをするのと、どちらを選択しますか。

A◉これでやめます。ありがとうございました。

F◉では、このロールプレイングを終わります。相手役の役割を解除します。どうもご苦労さまでした。

を行う

●アンカーリング●

F◉いまのアサーティブな気持ちを根づかせるために、Aさんはこの場でしたいことができます。どんなことをしますか？

A◉はい。このエクササイズで、私はいま、すごく満足をしています。いまのことに対して、先程のフィードバックのように褒めてもらいたいです。

C◉だんだん自信が出てくる雰囲気が伝わってきて、回を追うごとに冷静さやゆとりが出てきて、自信にあふれてくるような大きな感じがしました。

F◉先輩として部下を育てていきたいという気持ちがしっかりあるんだなと思います。まして、ある程度は聞くけれども、相手に気づいてほしいことを話のなかで進めていくことができたことをAさん自身が気づいた。キャリアを積むといずれ部下を育てる責任があると思うんですが、それができたのではないでしょうか。

B◉相手役をやらせていただいて、最初はこちらのペースに巻き込めて、Aさんは柔らかいスポンジのような感じだったのですが、だんだん芯が通ってきました。よい意味での強さがワンステップずつ増してくるのを感じました。Aさんに言われた側としてはそんなに心にダメージがくるように捉えられなかったので、アサーティブな行動が取れているのではないかなと感じました。

A◉ありがとうございます。

F◉最初のうちのぼやっとした自分の悩みを整理している過程がだんだん明確になってきて、そのことをよく述べられたと思います。最後にわれわれにもあなたの気持ちが伝わってきたということはうれしいことです。では、Aさんの役割を解除します。ご苦労さまでした。

事例から学ぶ

次の事例も、金魚鉢方式のロールプレイングで行ったものです。

■事例1

主役の主訴：自分は、電話で相手と話しているとき、『ドラえもん』の登場人物である〝ジャイアン〟のように、攻撃的な口調で話す癖があると気づいた。電話の相手である主任に、「～してください」「～をするように」と、上から目線で一方的に伝えてしまう。こういう自分の癖を、自分にも相手にもいい感じになるように、〝しずかちゃん〟タイプに変化させたい。

このロールプレイングでは、主役と相手役に加えて、参加者は四名、さらに、それらを取り巻く観察者グループは三〇数名でした。それにファシリテーター役の私が加わります。

いよいよロールプレイング開始です。状況設定は、電話での会話です。

主役はジャイアンスタイルの口調で相手役と話をします。まずは、普段の行動で行うロールプレイングを行います。

部長職の主役は、紋切り型に「～を確認します」「～はしてくれましたか」と矢継ぎばやにメッセージを送っています。電話の向こうの主任職の相手は、歯切れの悪いしどろもどろの返答しかできません。さらには、自分は病気がちだからという言い訳まで出て、会話は堂々巡りになってしまいました。

ここで普段の行動で行うロールプレイングは終わります。

次は、主役と相手役が体験を振り返るシェアリングの段階です。主役は、観察者の目の前で自分でも気づいている強い口調のメッセージを送ったために、「いっぱいいっぱいであった、余裕がなかった」と述べました。相手役は苦笑いをしていました。

次に、主役と相手役以外の参加者が肯定的フィードバックを主役に送ります。ここでは「主役が思っているほどジャイアンのような横柄な態度ではなかったよ」「案外優しかったよ」、あるいは「強い口調と言うけれど、自分が知りたいことを率直に口にしただけだったのではないだろうか」、または「ものを言うときに、相手を気遣っていたのが口調から伝わってきた」というフィードバックでした。

続いて、次の段階のロールプレイングを行います。いよいよ主役はアサーティブ行動の目標を決めてロールプレイングを行うのです。このとき、ファシリテーターは主役の行動面に視点を移した目標づくりをします。「主役が取りたい行動というのは、いったい何なのか」ということを、主役とともに絞り込んで行くのです。その結果、目標とする行動は次のようになりました。

主役の目標：相手に一方的に話を伝えるのではなく、相手の気持ちを引き出す伝え方や、相手の話をオウム返しでくり返すような応答をしてみたい。

主役は先ほどと同じように話を始めますが、相手に対して「これはどのくらい時間がかかるんだろうか」「○○さんから○○○という噂を聞いたけれども、それは事実なのかどうか」というように、尋ねるような言い回しをして、相手との会話を進めていました。

ロールプレイングが終わったら、相手役を含めた参加者が主役に対して肯定的フィードバックを送ります。相手役が送った肯定的フィードバックの内容は次のようなものでした。

「主役はオウム返しでくり返す応答をして相手役に伝えていた。しかも、『普段いろいろと支えてくれてありがとう』という感謝の言葉もあった」「主役は、自分が伝えたメッセージが相手役にどのように受け止められたか質問し、確認を取っていた」

こういう結果を踏まえて、ファシリテーターは主役に次のように質問をしました。「今のロールプレイングを終えての達成度はどれくらいですか。○から一○○％でスケーリングして、主観的な達成度としてパーセントで表してください」

主役は「七○パーセントの達成度を得た」と報告しましたが、「さらにもう一度、ロールプレイングに挑戦したい」と言いました。

そこでファシリテーターは、主役にさらに尋ねました。「では、第二回目の課題、目標はどのようにしますか？」

「主任である相手役が不満足にならない表現で伝えることを目標としたい」と述べました。加えて、「今までと違う相手役を参加者から指名して変えたい[*23]」という提案もしてきました。

そこでファシリテーターはこのように介入しました。

「過去と相手は変えられません。変えられるのは、今ここの自分だけですよ」

＊23 **相手役を変える**
金魚鉢方式のロールプレイングでは、主役が希望すれば、各段階で相手役を変えることもできる。特に希望がなければ、ずっと同じ相手とロールプレイングを行う。

その瞬間、主役はあることに気づきました。「自分には完全主義な傾向がある」と言ったのです。

それに対してファシリテーターは、「では腹八分目で満足することに気づいたんですね」と言い、気づきを通した学びを確認しました。

このようなやり取りを通して、主役はさらにこうも言ったのです。「第二回目のロールプレイングに挑戦しようとしたんですが、止めました。取り下げます。相手役を毎回変えようとした自分は、完全主義への思い込みがある」。また、「固定観念である《ねば論》《べき論》へのこだわりが強いことに気づいた」とも話しました。

ファシリテーターの私は、主役に《Just Reasonable Happiness》と提案しました。「満腹感のある幸福というのは、すぐ不幸に転落する可能性があります。幸福感というのは、ちょうどいいくらいの持続可能な幸福です」と伝えました。

主役は、「腹八分目で満足します」と自己宣言するアンカーリングでこのロールプレイングを終えました。

■事例2

主役の主訴：自分は祝福されない結婚をした。そのために、両親に対して罪悪感をずっと引きずって感じている。自分のこのネガティブな感情を払拭したい。

これは、主役の感情が不安から希望と開放感に変わったという事例です。このロールプレイングでは、主役と相手役のほか、参加者は三名、その人たちを取り巻く観察者は六名でした。ファシリテーターは私が担当しました。

まず、主役の成育歴についてお話ししましょう。

現在、主役とお母さんとの関係はとても疎遠になっています。主役のご両親のうち、お母さんは小学校の教員だったそうで、主役はかつて母親の勤務する小学校に三年間通いました。その頃、自分は教師である母親の元で窮屈な思いをしていた、また、教師である母親に迷惑がかからないように、常にいい子でいなければならないと感じていたと言います。この主役は、姉と弟の三人で育った中間子です。

ある日、主役は婚約者を両親に紹介するために、実家に帰省しました。そして、挨拶をしたときです。母親が不満を口にしたと言うのです。婚約者が母親の気に入らない人物であったためです。

ファシリテーターは、そのエピソードを確認するために、そのときの主役はどんな感情であったのかを尋ねました。

すると、「最初は母親に対して、子供の頃からと同じようにいい子でいなくてはいけない、迷惑をかけてはいけないという思いから、ずっと罪悪感を引きずっていたと思っていたけれども、母親に対する恐怖心ないしは不安だと思う」。こう言いました。気づきの焦点が、認知から感情へと変化したのです。

いよいよ、普段の行動で行うロールプレイングです。

状況設定は主役の実家のリビングです。長いソファと小さな椅子が二脚あります。その真ん中には、お茶を置く小さなセンターテーブルもあるというイメージです。

主役と婚約者は小さな椅子に、父親は長いソファに座っています。少し遅れて母親がリビングに入ってきます。険しい表情ながらも母親は二人に応対し、言葉数は少ないものの会話をしています。しかし、主役は母親と視線を交わすことなく、凍りついたような表情で、身動きできない状態です。

ここで、普段の行動で行うロールプレイングは終わります。

参加者からの肯定的フィードバックが始まりました。その内容はいずれも、「主役はとても勇気があった。なぜならば、引け目を感じ、恐怖心や不安感を感じているその状況に身を投じて自分の主義主張を通そうとする行為を選択したのだから」というものでした。この結果、主役は「自分に、今までとは違う新たな視点が加わった」と述べていました。

さて、次の段階では、アサーティブ行動を目標にしたロールプレイングを行います。

主役の目標：凍りついて身動きできないままでなく、立ち上がって母親と握手をし、可能であれば肩もみをする。

ファシリテーターは、感情の確認も行いました。そのシーンでの感情はいったい何なのかと。すると「不安」ということでした。

行動の目標を実践するためのロールプレイングが始まりました。主役は、これまでのように身動きできないままでなく、母親の前で立ち上がって、こう言いました。「今まではお母さんに迷惑をかける生き方をしてきたけれど、それは私の本意ではありませんでした。実際は、お母さんともっと仲良くしたいのです」。そして、母親の手を取って握手をしました。

そこでアサーティブ行動を目標にしたロールプレイングは終わりました。

ファシリテーターが主役にこのロールプレイングの達成感を〇から一〇〇％でスケーリングしてもらったところ、主役は「五〇％の達成感を得た」と言いました。さらに、主役はある気づきをこう述べたのです。「これまで母親に対して依存的であったのではないか。いつも母親の顔色をうかがう生き方をしてきて、母親の承認がなければ何も判断できない、そういう人間だった。そろそろ親離れをしたいんだということに気がついた」と述べました。

さらに主役は、「第二回目のアサーティブになるためのロールプレイングをしたい」と提案してきました。そこで、そこでファシリテーターは、行動に焦点を当てた目標づくりを再び行いました。そのときの目標は、次のようなものでした。

主役の目標（2回目）：言葉できちんと感謝の気持ちを伝える。

ロールプレイングが始まりました。

先ほどと同じように、母親の前で立ち上がった主役は、きっちりと母親と目を合わせ、これまで自分を育ててくれた母親に対して、「とても感謝しています。自分は、ようやく共に人生を送れるパートナーを見つけることもできました。これまで育ててくれたお母さんにも、お父さんにもお礼を言いたいです」と、大変大きな声で言ったのです。

そこで、このロールプレイングは終わりました。

主役に再びロールプレイングの達成度を聞いてみると、今度は「六五％の達成度を得た」とのことでした。さらにこのロールプレイングを続けるか、これで終わるかを尋ねると、「これで満足したから終わりにします」ということでした。

参加者の肯定的フィードバックでは、主役が自立への道を歩み始めたということでエールを送る言葉が寄せられました。

金魚鉢方式のロールプレイングでは、最後にアンカーリングという課題を行うことにしています。アンカーというのは、船が波止場に停泊しているとき、波で外洋に運ばれないようにするために固定する、船の舳先から垂らす大きな金属製の重りのことですが、アンカーリングは、その船のアンカーに倣って、学習した成果を根づかせ、忘れないようにするための仕掛けです。

アンカーリングとして、ファシリテーターは主役にこう尋ねます。

「主役は今気づいたことをさらに確信的にするために、パフォーマンスとしてどのようなことを行いたいですか?」

主役はこう言いました。

「ロールプレイングの相手役と、肯定的フィードバックを行ってくれた人達と握手をし、私が親離れができた、その支えとなった人々にお礼の言葉を伝えたい」

ファシリテーターは、その主役がしたいという行動を促して、このロールプレイングを終えました。

エクササイズ 3 ロールプレイングの応えを導くエクササイズ

読者のみなさんもロールプレイングの応えを導くエクササイズをやってみましょう。RPカードA、B、C、D（38～39ページ）を読み、アサーティブ行動が顕著に表現されている段階を考えください。そして、その根拠となった主役の発言に下線を引いてください。さらにその部分がなぜアサーティブ行動であるかその理由を40ページの記入用紙に記入してください。

4 セルフに気づく

周囲の場全体の自律性と自分自身の自律性をひとつに合わせてゆく能力、これを「自己」というのだ、といってもいい
——木村敏

セルフ（自己）とは何か

金魚鉢方式のロールプレイング（ＦＢＲ）の主役を務めた人の発言で、目からうろこが落ちる体験をしたことがあります。

主役を務めた田中さんが最後の感想を述べたときに、私は田中さんにこうコメントしました。

「田中さんがメンバーの中でいちばん勇気があったのですよ。勇気を出して主役に手を上げたから、私を含めてここにいる全員が生きた教材として学ぶことができたのです」

すると田中さんは、「〝田中さん〟という役割ではなく、自分の中にある本来の私が気づいたんです」と述べました。三〇名ほどのＦＢＲ参加者の中で、唯一、主役に能動的に手を上げ、田中さんが気づいたことは、セルフ（自己）への気づき[*1]であったと言ってもいいのです。

では、田中さんの述べたセルフへの気づきとはどういったものなのでしょうか。

＊1 気づき
awareness
長所や短所を自覚することではない。というのは、これらは自分にとって重要な他者による他者評価を取り入れたものだからである。むしろ、評価を超えた自分らしさ、自分のよさ、自分の可能性、まだ使っていない能力を自覚し、それを大事にすることを指す。

■宗教的自己

次に述べるのは私の体験です。

一九九五年のことです。私は何気なくあるテレビ番組を見ていました。テレビ東京の「レディス4」という番組の「月末対談」というコーナーに高瀬広居《たかせひろい》*2が出演していました。テーマは「日本人の原点」という内容です。

そこでは、内山興正《うちやまこうしょう》*3という曹洞宗の禅僧の言葉を紹介していました。

「自己とは一である。自己が社会の根本である。自己とは一億分の一ではない。一億分の一億である。それが真実の自己である」

話を要約しましょう。

この言葉を数式の形で表すと図1のようになります。この式は宗教的な自己を表しているといえます。

一方で、凡人である私を含めたすべての人は、たいてい「二分の一の自己」で受け取っています。二分の一の自己とは、相手に対する自分、妻に対する自分、といったものです。すると、相手に勝った／負けた、相手より得した／損した、妻を愛する／嫌う、となるわけです。

別の例で自己について話してみます。

宗教的自己

$$\text{自己} = 1 = \frac{1}{1} = \frac{2}{2} = \frac{3}{3} = \cdots = \frac{1\text{億}}{1\text{億}} = \frac{\text{人類}}{\text{人類}} = \frac{\text{一切}}{\text{一切}}$$

図１　内山興正老師による宗教的自己

*2 **高瀬広居**
(1927-2006)
浄土宗の寺に生まれ、キャスター等を経て、宗教家、評論家として広く活動した。

*3 **内山興正**
(1912-1998)
曹洞宗僧侶。折り紙作家としても有名。

二〇一六年のリオデジャネイロ・オリンピックを見て考えたことがありました。日本人は、例えば一〇〇メートル走のような個人競技は、体型的にも不利な部分があります。ところが、同じ一〇〇メートルを走るのでも、団体で行うリレー競技では強みを発揮しました。

それは「和」という協調性を重んじる国民性のなせる技であったと考察することができます。リレー競技の若きアスリート達は、見事銀メダルを獲得しました。あのウサイン・ボルトも脱帽した快挙が生まれたわけです。

ところが、日本人はこれまで述べてきた自己を無意識でしか身につけていないと考えられます。だからこそ、日本人は空気のように自己を感じ取る一方で、言葉で論理的に表現するのが不得意なのです。だとすれば、直感的に自己を理解するアプローチについて述べたほうが適切だと考えました。

自己イコール一、イコール一分の一、イコール二分の二、イコール三分の三……。このように延々と考えていきますと、一億分の一億、人類分の人類、イコール一切分の一切となるわけです。これこそが二分の一の自己とは相対する、内山興正老師がおっしゃった「不変の自己」です。

オリンピック競技でのあの感動体験というのは、この図のように、人類はつながっていて、切っても切り離せない関係にあり、それは一切分の一切で、「アスリート＝自分である」というところから、コスミックな、宇宙的な自己の自覚が生まれる。ここにオリンピックの醍醐味があり、感動が生まれるのではないかと思っています。

自己と自我

米国UCLAの心理学者であるフレッド・マサリックは、かつて次のように述べたことがあります。

「人間というのは、有史以来、二つの問題意識を持ちながら今日に至っている。一つめの問題意識とは、自分とは一体何者であるのかという問いであり、二つめは、自分がどれだけ心を開き、他者に近づくことができるだろうか、という問いである」

この答えに至るには、まず自己とは何か、自我とは何かを理解する必要があります。それについて、REBTの創始者であるアルバート・エリスはその著書『Stress Counselling』*4で、この自己と自我の関係が直感的に分かるよう、図を用いて説明しています。それが、図2の「Big I《ビッグアイ》」と、図3の「Little i《リトル アイ》」です。

図2は、アルファベットの大文字Iです。これは、人間が生まれてから死ぬまで増加もしないし、また減少することもないものだといわれています。英語のBeing、存在としての自己を意味しています。

図3は、大文字Iの中に、アルファベットの小文字iがたくさんあります。これは、評価的自己を意味しています。

*4 **Stress Counselling**
Stress Counselling, A Rational Emotive Behaviour Approach by Albert Ellis, Jack Gordon, Michael Neenan, Stephen Palmer, SAGE Publications Ltd (1998)

A·エリス他『ストレスカウンセリング』(1998) より一部修正を加えて引用

図2　Big I

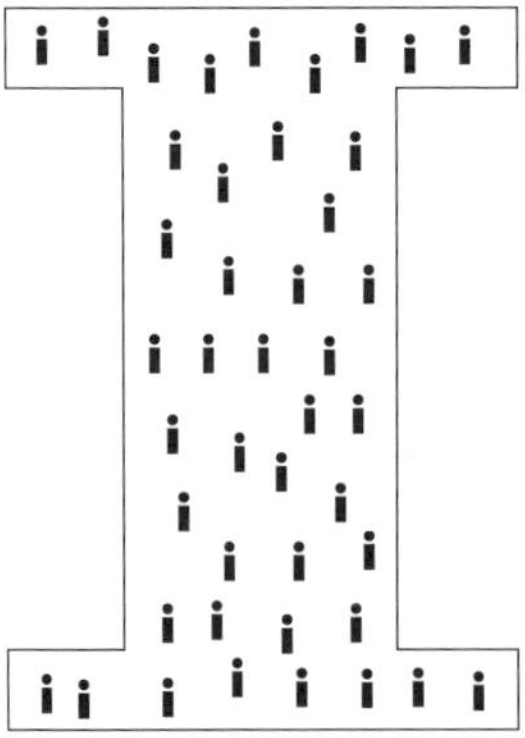

A·エリス他『ストレスカウンセリング』(1998) より一部修正を加えて引用

図3　Big I の中の Little i

哲学的自己

もう一人、日本人の研究者、上田閑照《うえだしずてる》＊5を紹介しておきます。『私とは何か』という本を書いた哲学者です。

上田は哲学者ですから、先ほどの宗教的自己とは異なる観点で、「閉じた私が自我であるとすれば、開かれた私は自己である」と、自己と自我について述べています。マルティン・ブーバーという哲学者は、さらにこの「私ということ」について、「我《われ》」と「汝《なんじ》」という言葉で表すと同時に、「間《あいだ》」という考えを入れて、人と人との間の問題を論じています。ここに自己表現という行為が生まれる源があるように思います。

ある中学校教師の事例

話を一つの事例で説明します。

ある中学教師が勤務している学校で保護者会が行われました。懇談会の席で、この教師はある保護者からこう言われたというのです。

「そもそも、あなたは子育てをした経験もない独身者なのに、親の私の気持ちなど、どうして分かるんでしょうか」

この教師は、そのひと言にひどく傷ついたといいます。私はこの教師に、Big Iと Little iのエクササイズをすることにしました。

まず、Big Iを書きました。その中にLittle iをたくさん書き入れ、さらに、その横に同じ形のBig Iをもう一つ書きました。そして教師にこう言ったのです。

「Big Iの中にたくさんあるのがLittle iです。このLittle iの中から好きなものを選ん

＊5 **上田閑照**
(1926-)
日本の哲学者。京都大学名誉教授。著書に『私とは何か』(岩波書店、二〇〇〇年)がある。

で丸をつけてください」

教師の選んだ Little ｉに、私は引出線を書き入れ、「ダメな教師」と加えました。

続けて、この教師にこうも言ったのです。

「左右二つの Big Ｉを見比べてください。〝ダメな教師〟と書いたほうの Big Ｉは、お隣の Big Ｉと比較して目減りしているでしょうか。あるいは増幅しているでしょうか。また、形はどうでしょう。変形してしまっているでしょうか」

すると教師はこう答えました。

「左右の二つの Big Ｉはまったく変わっていませんね」

そこで私はこうコメントをしたのです。

「あなたは保護者の評価でひどく傷つきました。ところがよく考えてみてください。あなたの人間としての価値、値打ちは目減りもしていないし、増幅もしていないのです。あなたは保護者からなんと言われても、言われる前も言われた後もあなたはあなたです」

その瞬間、教師は安堵したような安らぎの表情に変わったのが分かりました。

■第三世代の認知行動療法

さて、認知行動療法「ＣＢＴ」の話に移ります。

最近では第三世代の認知行動療法が注目されています。特に「マインドフルネス認知療法」*6や、「ＡＣＴ《アクト》」というセラピーが注目されています。「ＡＣＴ」というのは、Acceptance and Commitment Therapy（アクセプタンス＆コミットメント・セラピー）の略語です。

＊6 マインドフルネス認知療法
現実をあるがままに知覚することができれば思考や感情にとらわれることもない、という考え方のマインドフルネス瞑想法を認知療法に統合したもの。アメリカを中心に発展しつつある。瞑想法を取り入れていることからも分かるように仏教的な思想が中核にある。

これは、「悩みは、自我である思考が作り出すストーリーによって生まれる」というアプローチです。そのストーリーは、感情に刺激を与え、鬱になったり、不安になったり、怒りになったりします。

先ほどの中学教師は、保護者からのひと言で、「私はダメな教師である。それゆえに私は今後、教師生活を送るのが不安だ」という物語を、自分に言い聞かせて悩んでいたのです。

このように、自我が作り出す物語はしばしば不健康で、ネガティブな感情を生み出す元凶になります。鬱や不安や怒りといった感情などは、まさにその例です。

マインドフルネス認知療法またはＡＣＴというのは、こうした自分を不健康にする物語に気づいたとき、自分の呼吸に注意を向けることを勧めています。

まず、吐く息。そして自然に吸う息です。この呼吸という身体反応に注意を向け、セルフに気づくことです。これによって、日常は意識されていないセルフとつながるのです。この瞬間に、人間は生命体として過去・現在・未来と切れ目なく自分がつながっていて、自分は他者であると同時に人類でもあるし、宇宙にもつながるという自覚が生まれるわけです。

ところが厄介なことに、呼吸は無意識にしています。身体反応である呼吸は生命反応そのものです。ですから、なかなか日常生活の中では注意が向かないわけです。

しかし、トレーニングを通してセルフに気づき、セルフにつながると、生命である自己・他者・人類・宇宙と一体化した感覚を得るわけです。人類が誕生し、今現在の私につながっている。さらには、未来の子供たち、子孫にもつながっていると覚醒するのです。

こういう体験は、命は切れ目なく持続可能な、サスティナブルな活動そのものであると学ぶのです。

自己と自我の話に戻ります。

自己は、誕生から死ぬまで増えることも減ることもしないものです。一方で、自我は欲求とかこだわりとかプライドとかによって物語に展開し、その物語のストーリーいかんによっては、不健康でネガティブな感情につながって、メンタルにダメージをもたらすこともあるわけです。

そこで私たちは、身体反応である呼吸に注意を向けるというトレーニングを通して、決して人間は孤立した存在ではなく、世界と宇宙とにつながっているという一体化によって安堵や安らぎを感じます。この瞬間に苦悩は軽くなるのです。

こうしたことを踏まえると、、冒頭で述べた田中さんのセルフへの気づきは、無意識であったコスミックな存在を意識した発言であったと理解できます。

「セルフ」と「アサーション」

この章では、はじめに宗教的自己、次いで哲学的自己についてそれぞれ述べてきました。ここでは、心理学的自己について述べます。

「セルフ」という言葉の意味について、心理学には、長い研究の歴史があります。「セルフ」を日本語にすると「自己」になります。しかし、この日本語の「自己」という言葉は多岐にわたって活用され、研究されているため、理解するのは大変厄介な言葉です。

『スタンダード 自己心理学・パーソナリティ心理学』*7という本では、この言葉の煩雑さを次のような図を使って整理しています（図4）。

1. 「その人自身」としての自己
2. 「その人のパーソナリティ」としての自己
3. 「知る主体」と「知られる側面」としての自己
4. 「実行主」としての自己
5. その他の「自己」と類似する用語

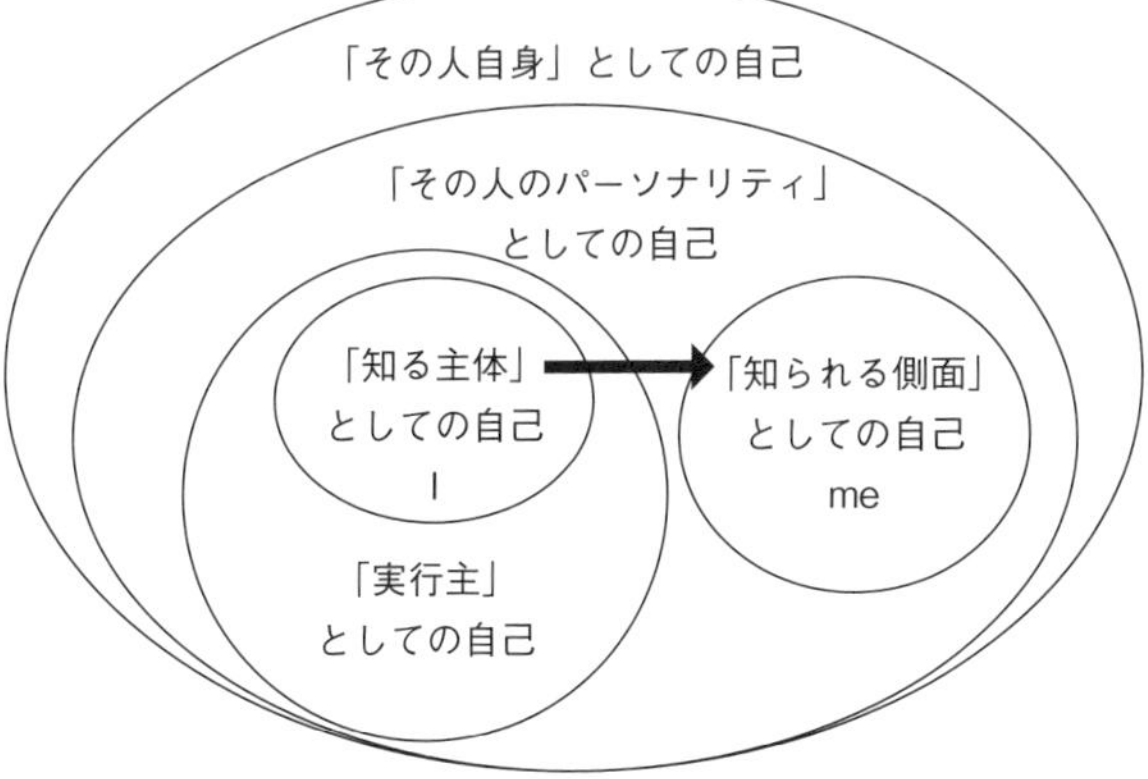

図4　自己について5つの意味の概念図

図の円はそれぞれの包含関係を表す。

『スタンダード　自己心理学・パーソナリティ心理学』松井豊・櫻井茂男編、サイエンス社、2015年11月10日発行、P189、図10.1より引用、図内I, meは著者による加筆

■「セルフ」と「アサーション」

では、こうした説明のなかで「セルフ」と「アサーション」はどのような関係にあるのでしょうか。

アサーションは、「「その人自身」としての自己」としてとりあえず理解しておくことにします。なぜなら、心理学のアカデミックな研究成果として自己を解説することがこの本の目的ではないからです。ここでは必要以上に踏み込まずに話を進め、むしろ、私自身の

*7 **『スタンダード　自己心理学・パーソナリティ心理学』** 松井豊・櫻井茂男編、（サイエンス社、二〇一五年）

アサーション研究の原点になったエピソードを紹介して、理解を深めていただくことにします。

一九九〇年、私が四三歳のとき、勤務先の大学での講義に使うテキストを作ることにしました。『アサーティブ行動入門』というタイトルのはじめての単著の本でした。

その本のまえがきの一部には、執筆動機が次のように書いてあります。

現在、人々の関心が改めて自己に向けられていることと関係します。

教育・医療・福祉・企業・同法・行政などの各領域で「自己とは何か」「自己と他者との関係とは」「自己の存在意義は」という問いが発せられています。心理学の分野では、アサーティブ行動がこの問いに答えているのです。なぜならば、心理臨床の実践分野でグループを通してアサーション・トレーニングを行っているときによく見られる変化があります。それは、このトレーニングの参加者が自己を振り返り、自己の強みに気づき、自分らしい生き方へと変化し、自己成長するからです。

当時を振り返ると、四〇代前半の私は、漠然と「セルフ」と「アサーション」という二つのコンセプトを関連させた「セルフ・アサーション・トレーニング」の原点になるような考え方をしていたように思えます。

また、私は一九九一年から一九九二年まで研究休暇をいただき、米国でアサーションの研究をすることができました。そのとき、学んだことがあります。

留学先の大学のキャンパスに、アサーション・トレーニングの研修会があるというポスターが貼られていました。私はこの機会を逃すわけにはいかないと、その研修会に参加しました。参加者のうち、英語を母国語としないのは、なんと私一人でした。

実習の時間になりました。二人一組でロールプレイングをする段階です。東洋から来た私は、スラング交じりの英語でネイティブの相手と会話をしていました。すると、講師から突然、次のような介入がありました。

「参加している君たち、ちょっと待って。話したいことがあるんだ。この中に英語を母国語としない参加者が一人いるということに気づいているでしょうか？」

そのとき、ロールプレイングをしていた会場には沈黙が一瞬広がり、やがて、ゆっくりとした、スローな会話に変わったのです。私のロールプレイング相手も、私が理解できる程度のスローな分かりやすい英語で話しかけてくれました。

この体験から私が学習したことは、「空気を読む」「配慮をする」という姿勢こそがアサーションの肝であると学んだのでした。大きな気づきでした。

■三つの権利「アサーション権」

さて、この留学体験でさらに決定的に影響を受けた本があります。アルベルティとエモンズという二人の心理学者が著した『Your Perfect Right』という本です。幸いにして帰国後の一九九四年に『自己主張トレーニング』としてこの本を翻訳、出版する機会を得ることができました。

この本の最も重要なコンセプトは、「自己表現」という言葉です。二人の著者達は、自己表現の目的を次のように述べています。

「この人間関係に関するアプローチは、すべての人を敬うもので、相手の権利を尊重しながら、虐げられている人が互角に自己表現していけるように手助けをしています」

こういう主旨を述べているのです。つまり、相手を立てつつ、自己表現の実践を勧めているのです。

さらにこの著者達は、『Your Perfect Right』の「Right」という言葉に次の三つの意味をこめて「三つの権利」とし、「アサーション権」と名付けました。

①自分自身でいる権利
②自分自身の存在を表現する権利
③自分自身でいること、自分自身の存在を表現することに対して、無力感や罪悪感を感じないでいる権利

例えで説明しましょう。

①自分自身でいる権利

私は、時々講演を頼まれることがあります。自分が得意としている「カウンセリング」がテーマであれば、自信を持って講演をすることができます。しかし、初めて取り組むようなテーマを依頼されたとします。例えば「ストレスを乗り越えるには」などです。

私はストレス研究についてはそれほど深く学んでいません。それでもなんとかにわか勉強をして、講演に出向いて行ったとします。そのとき私は、開口一番、このように言うか

もしれません。

「この講演テーマ『ストレスを乗り越えるには』という内容は、始めてするお話です。ですから私は、内容面では漏れなく話すことにします。しかし、たどたどしく言葉が詰まってしまったり、話がすべってしまうかもしれません。そのときにはお許しください」

冒頭でひと言こう話す。それでいいのです。知ったかぶりで講演しなくても、自分の自信のなさを空元気でカバーする必要もないのです。

②自分自身の存在を表現する権利

先ほどの講演依頼を例にすると、次のようなことです。

私は率直に「このテーマは初めてです」と言ってもいいし、言わなくてもいいのです。このように「選択する権利」というのが、「表現する権利」の中にあるわけです。

これをはき違えると、「なんでも率直に素直に表現すればいい」となりますが、そうではないのです。私たちには表現ということについて、多くの選択肢がある。表現することから始まって、表現に工夫を加えること、表現を比喩で表すこと、表現しないことなど、たくさんの選択肢の中から選ぶ権利があるというのです。

③自分自身でいること、自分自身の存在を表現することに対して、無力感や罪悪感を感じないでいる権利

私たちが①や②の権利を行使したとき、失敗したとか、反感を買うとか、他者からひどい評価を受けたとか、そのことに対して自分を台無しにしたり、自信をなくしたりしなくてもいいのです。

あるいは、もしかして相手を傷つけてしまった、相手を怒らせてしまった、などというように、相手の責任までとるように「すまない」という罪悪感を感じないでもいいのです。

これら三つの権利について誤解のないように言えば、この権利というのは義務が伴う権利ではないのです。民主主義社会のなかで認められている基本的人権に当たる表現権を意味しています。

アルベルティとエモンズは、心理学という科学の分野でおそらく初めて「表現をする」という価値観を導入したのです。このことによって、人間は「自己表現する」という人間らしい生き方をするための後ろ盾を得たのです。

自己を探求することは、自己を表現することにつながります。私は教師として、また研究者としての四〇年におよぶ人生を振り返って、学ぶことの意義とは、自己表現のレパートリーを増やし、自分の背中を押すパワーだと考えています。

子供がよくする質問に、「人間はなぜ勉強しなければいけないの?」というものがありますが、私はそれに対して、「勉強することは自己表現を豊かにするし、自己表現の幅を広げることになるのだよ」と説明することにしております。

■エイジングとアサーティブ度の関係

最後に、研究者としての私の最近の話をしましょう。

二〇一一年から二〇一三年まで、私の研究は科学研究費助成事業を獲得しました。そのときのテーマは「高齢者を対象としたアサーティブネス・トレーニング・プログラムの開発」です。プロジェクトを作り、このテーマで三年間研究をしました。私は、年齢的にはいわゆる還暦をすぎてから、アサーションの本格的研究に関心を持ち始めたのです。この研究で明らかになったのは次のことです。

研究を始めた当初考えていた仮説は、「人間は歳を重ねることによってアサーティブ度は向上するであろう」ということでした。つまり、「人間は年齢と共に自己表現力が向上して豊かになる」という仮説です。

さて、研究をすると、こともあろうにこの仮説は覆されたのでした。百歳でもアサーティブでない人はたくさんいます。一方で、十代の人でもアサーティブな人はたく

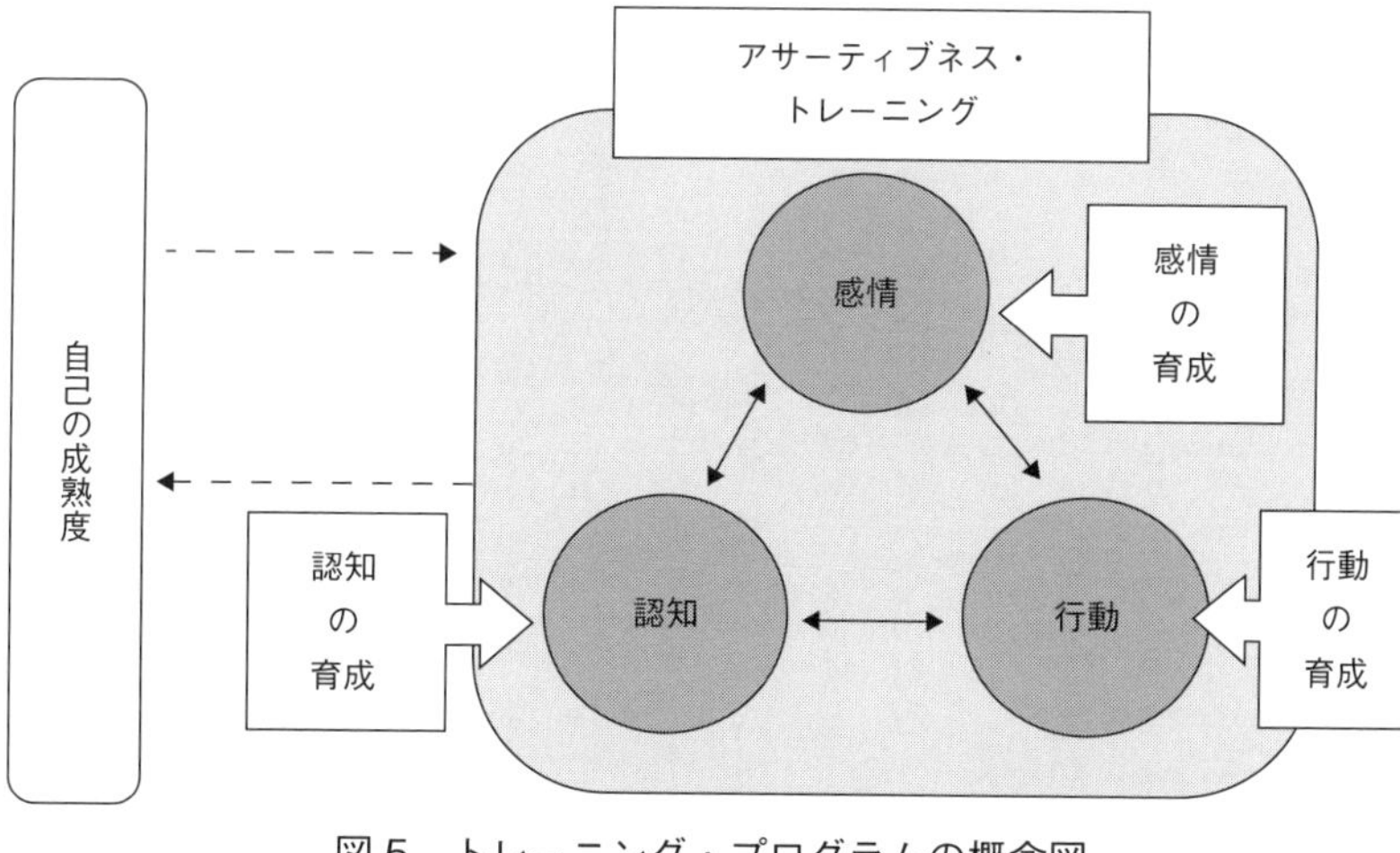

図５　トレーニング・プログラムの概念図

さんいるのです。この違いは果たしてどこにあるのでしょうか。

研究の結論を概念図で説明します（図５）。

私たち人間には、大きく分けて三つの情報処理の能力があります。一つめは「感情」の能力、二つめは「認知」の能力、三つめは「行動」の能力です。この感情・認知・行動の能力を照合させながら、私たちは外部の環境と情報のインターフェイスを作り、日々の生活を送っています。

さて、これにエイジング、つまり歳を重ねるということを当初は想定していました。しかし、調査研究から年齢の差異は関係ないというデータを得たのです。そうだとすれば、アサーティブ度の高低は、何が基準となって差異が生まれるのでしょう。

そこで私が着目したのは、「自己」の成熟度でした。いわば、誕生から死ぬまで増えもしないし減りもしない自己（セルフ）とつながるトレーニングを済ませている人は、感情・認知・行動の三つの能力が、環境やインターフェイスと程よく調和して機能し、それによって「相手を立てつつ」というバランスのとれた自己表現になっていくのだろうと考えたのです。

逆に、自己が未成熟な場合には、感情・認知・行動とのインターフェイスが機能不全になると考えられる。そうすると、マンネリで、決まりきった、枯渇したワンパターンの自己表現に陥ってしまい、非アサーティブな傾向が生まれるのではないか。

そこで結論はこうです。

自己の発達がアサーティブ度に影響していると思われる。

ただし、この仮説は今後も実証的に検証される必要があるのです。この課題は、残されたテーマです。

ひとつ言えることは、セルフ・アサーション・トレーニングを通して探求する旅は、生涯にわたって続く終わりのない旅であるのです。

エクササイズ 4 対人コミュニケーション

自分への気づきについてのエクササイズを行います。
62ページに掲載した図2、図3を参照して自己洞察を行ってください。このエクササイズの事例は、63ページ掲載の「■ある中学校教師の事例」にあります。

自己洞察

第3部
多元化するアサーション

- さわやかなアサーション
- しなやかなアサーション
- すこやかなアサーション
- 和顔愛語

5 さわやかなアサーション

研究にあっては最初から
徹底ということに慣れねばなりません。
——I・P・パブロフ

守破離に学ぶ

「守破離」という言葉について述べます。

「守破離」とは、仏教では「習絶真」、あるいは能や連歌では「序破急」ともいわれるものです。いずれにしろ、「守破離」の「守」は、先人が残した教えを忠実に学ぶことを意味しています。したがって、「守」は「修」と書くともいわれます。

ある課題を達成するには、何事もまず基礎を学ぶことによって達成されます。このことを私の体験からお話いたします。

一九七八年、私は三一歳のときに大学の専任教師として採用され、教師生活をスタートしました。一般的には、社会人としてはスロースターターでした。

あるとき、「大学の教師には五つの役割がある」と教えられました。一番は教育、二番は研究、三番は学内行政です。そして、四番は国際交流、五番は社会貢献です。

ところが、駆け出しの教師としては一番目の教育で精一杯の状態でした。したがって二番目から五番目までは、とても余裕がなくてほとんど行えませんでしたが、諸先輩は温かく見守って指導をしてくれました。

七〇歳となる私は、ありがたいことに現役の教師として仕事を続けています。約四〇年の教師生活を振り返って気づくことがいろいろあります。少しずつ余裕が生まれて、先ほどの大学教師としての五つの役割のうち、研究、学内行政、国際交流、社会貢献の四つがバランスよくできるようになっていると思います。

さて、ここに至る教師生活のプロセスでは、時として生意気になることがありました。自分の道を究めようと努力もしましたが、ブレてしまうこともあったわけです。「守破離」の「破」とは、自分の殻を破り、自分らしく生きようとすることです。したがって時には対立や葛藤を生むことがあります。しかし、それを回避したり恐れたりすることなく、不退転の姿勢で突き進まなくてはならないときもあります。こうして自分らしい人生のスタンスが確立します。

「守破離」の「離」とはブレない軸足を持つことです。私の軸足になっているのは、カウンセリング心理学です。現在もクライエントと面接し、向き合ってカウンセリングの実践をすることに生きがいを感じております。

このように、「守破離」という言葉は、トレーニングのプロセスを意味します。

そこから今度はセルフ・アサーションということについて触れてみるわけですが、このアサーションの学習というのも、ここでいう「守破離」の段階をたどって目標を達成できると考えています。

■理論としてのセルフ・アサーション

第三部では、「多元化するアサーション」として、進化を続けるセルフ・アサーションについて述べていきます。[*1] 5章では、セルフ・アサーションの基本的な考え方を知る「さわやかなアサーション」、そして6章では、自他を尊重する「しなやかなアサーション」、7章では、パーソナリティ理論に基づく「すこやかなアサーション」について説明します。さらに、8章では、文化の違いを超えてなお不変である人間力について言及します。洋の東西を問わず、人は人との関係の中で自己表現の能力を育てる「和顔愛語」についてお話しましょう。

基礎科学としての心理学

セルフ・アサーション・トレーニングの基礎には心理学があります。心理学の定義は、「意識と行動を研究する科学」です。この心理学の中核的な概念に「学習」という言葉があります。この「学習」というのは、学校教育での学習を意味してはいません。心理学でいう「学習」は、「経験による比較的永続的な行動の変容である」と定義されています。

例えば、私たちにとって反社会的とされている問題行動に、青少年の万引きという行為がありますが、生まれつき万引きをする青少年はいません。どこかでボタンの掛け違いが起こり、悪い仲間に誘われるなどして、万引きという行為を身につけるわけです。また、混み合った電車の中でお年寄りが立っていたら、サッと立ち上がり、その老人に席を譲るという行為もあります。日常生活では、こういう万引き行為、あるいは席を譲るという行

*1 **各章の関係性**
セルフ・アサーションの各理論は相互に関連している。7章の図3に示す認知モデルの「環境」と「行動」の関係を条件づけ理論で説明しているのが「さわやかなアサーション」と「すこやかなアサーション」である。図の「思考」にも適用できると説明しているのが「すこやかなアサーション」である。これらの関係については、冒頭の「増補改訂にあたって」にRSHモデルとして図示した。

為は、「善し悪し」という価値判断でもって行動を評価します。しかし、心理学でいう学習行動には、「善し悪し」という価値は含まれません。

したがって、反社会的行動であろうとも、一般的に望ましいといわれる善良な行為であろうとも、それは心理学ではすべて学習によって身につけたものであると考えます。

そこからいえることは、身につけたものは、本人がその行動を修正しようと思えば、いつでもどこでも、思い立ったが吉日、と変化させることが可能であるという、たいへん楽観的な行動の見方をしているわけです。

したがって、心理学で「学習」という言葉を使うことは、人間の行動の幅が非常に広く考えられるし、さらに柔軟に捉えられるようになるのです。

さて、このように心理学では、対象となる行動を客観的に観察可能な事実として捉え、データとしてまとめ、エビデンスとして説明可能な資料に加工するという、そのようなアプローチをしています。これが科学としての心理学の姿勢であるわけです。

こういうことを強調するのが、「行動主義の心理学」という枠組みです。その枠組みから考えると、私たちが身につけている多くの行動というのは、すべてが学習の考え方によって獲得されたと言えます。

この学習の理論には、「条件づけ」という理論が大きく影響を与えています。

対人コミュニケーションの視点

学習理論の条件づけの代表的なものに「レスポンデント条件づけ[*2]」というものがありま

*2 **レスポンデント条件づけ** 古典的条件づけともいう。この体系的な研究をしたのが、イワン・パブロフである。犬に餌を見せると唾液が出るというのが無条件刺激であるが、犬に餌を見せるときにメトロノームの音を聞かせるという条件刺激を同時に呈示していく。この繰り返しによってやがて、メトロノームの音を聞かせるだけでも犬は唾液を出すようになる。このように、新しい刺激を与え続け、今までなかった反射を起こさせるように訓練することをいう。

す。

このレスポンデント条件づけの説明に入る前に、アサーションの観点で対人コミュニケーションを理解しましょう。

例えば、あるメッセージを発信する「発信人」と、そのメッセージを受信しようとする「受信人」の二人がいたとします。

発信人である人が緊張していたり、あるいは自信がないような状態でメッセージを送ったりすると、おそらく受信人は頼りなく感じたり、不信感を持ったりする。その結果、コミュニケーションというものが不満足な結果に終わる可能性があります。

一方で、発信人が怒ったように、あるいは大声を張り上げながらメッセージを送ったとします。その結果、受信人はそのメッセージを受け取るときに怯えたり尻込みしたりして、そのメッセージの内容いかんに関わらず、その発信人に近づこうとしなくなったり、あるいは、そのメッセージを受け取ろうとはしないかもしれません。コミュニケーションの断絶がそこで起きる可能性があります。

もし、発信人が余裕をもって確信的に自分の伝えたいメッセージを送ったとします。受信人は、安心安全を感じながらメッセージを受け取り、そして発信人のメッセージに理解を示そうとするでしょう。

こうしたメッセージのやり取りは、レスポンデント条件づけの観点からすると、発信人がこのコミュニケーションのキーパーソンになっていると考えられます。

アルベルティとエモンズが書いた『自己主張トレーニング』では、対人コニュニケーションに影響を与える要素として、次の一四の要素を挙げています。

①視線を合わせる　②姿勢　③対人距離ないしは身体的接触　④身ぶり
⑤顔の表情　⑥声の調子　⑦声の抑揚　⑧声の大きさ　⑨流暢さ
⑩タイミング　⑪傾聴　⑫思考　⑬粘り強さ　⑭内容

ここまで述べてきた対人コミュニケーションは、このような構成要素を考えるとたいへん複雑であるということがお分かりいただけると思います。

先ほどの例のように、発信人はもちろんのこと、受信人との双方が、これらの構成要素を交流させながらメッセージをやりとりをしているわけです。

さわやかなアサーションのキーパーソン

さて、さわやかなアサーションは、対人コミュニケーションの発信人が過剰な不安や恐れ、罪悪感などを払拭して、壮快な気持ちに変化する自己表現です。

先ほども言いましたように、さわやかなアサーションのキーパーソンは、発信人です。ですから、受信人以上に発信人は、自分がこれらの構成要素について気配りをしながらメッセージを送る必要があるのです。

誰でも、最初から上手にこれらの構成要素をまんべんなく配慮してメッセージを送ることはできません。徐々に、余裕が生まれたその程度に応じて、よりよいメッセージの送り方について学ぶ必要があるわけです。

ここで私の体験談をお話ししましょう。

私は、教師として教壇に立った三〇代の頃は、話下手を自覚しておりました。大学の講義は一コマ九〇分間です。私は講義ノートを持参して、話す準備をして教壇に上がりました。ところが、その頃の私は、そのノートに沿って話をしていても講義の後半になると話す内容がなくなってしまい、突っ立ったまま惨めな思いをしたことが幾度となくありました。

これを私は、なんとかしなくちゃいけないと思って、ある先輩教師に相談しました。「私はもっと学生の前で自信を持って、学生が喜び、向上心を持てるような講義をしたいのです。いったいどうすれば、そういう教師に成長できるんでしょうか」という相談です。

するとその先輩教師はこうアドバイスをくれました。「話し方教室に行って話し方の勉強をすればいいのではないですか。江川ひろし[*3]という方が話し方教室を開いているので、その教室に通ったらどうでしょう」

私はそのアドバイスに素直に従って、話し方教室に通いました。三カ月間のコースでした。実際に教室に通ってみると、テキストはありましたが、いわゆるテキストを解説する講義というのは一切ありませんでした。

教室では、小さな箱を手にした講師が、その箱の中に入っている紙切れを取り出すようにと一人ひとりに指示を与えました。私もその箱の中の紙切れを一枚取り出したわけです。

次に講師はこういった指示をしました。

「そこに書かれている言葉を使って、三分間スピーチをしなさい」

テキストで何も教えていないにもかかわらず、いきなり「三分間スピーチをしなさい」

*3 **江川ひろし**
(1929-2003)
話し方指導の第一人者。一九五三年、日本話し方センターを創業。

と言うわけです。

私は戸惑いながらもなんとか三分間スピーチをしました。しかし、他の人も私と同様にそれほど上手なスピーチができたわけではないので、ホッとした記憶があります。

そのうちに講師は、スピーチには公式があるということを説明してくれました。そのスピーチの公式というのは、「スピーチ＝主題＋話題」という、極めてシンプルなものでした。

「主題」というのは、箱から取り出した紙切れに書いてある言葉のことです。「話題」というのは、その言葉をエピソードとして、あるいは事例として肉付けする、そういう体験事例のことを指しているのです。この「主題」と「話題」をワンセットにすると、「スピーチ」というのができるというわけです。

例えば、「富士山」という言葉が書かれた紙を引いたとします。これが「主題」です。次に「話題」を二つ程度考えます。一つは世界遺産について、もう一つは富士山登山の体験などでもいいでしょう。こんな話をしていると三分が経つわけです。

こうしたことを繰り返すうち、徐々に余裕が出てきて話すことができるようになりました。教師になった今でも、話すことに関して密かな自負心を持ちながら、人前で話をすることができるのは、話し方教室に行き、話し方の公式を学んだことが原動力となっています。

アサーションの「学習」説

先ほど、人間の行動は生まれつきでき上がっているのではなく、学習によって、よい行動も問題となる行動も身につくという話をしました。

ところが、一九五〇年代前半の心理学に圧倒的に影響を与えていた理論は、フロイト[*4]が提唱した精神分析でした。フロイトの考え方を簡潔にすると次のようになります。

人間の心には、言葉にできる領域とできない領域があります。言葉で説明できる領域、これを「意識」といいます。さらに、言葉で説明できない領域、これを「無意識」といいます。この「心」というのは「意識」と「無意識」から成り立っているとフロイトは考えたわけです。

この考え方は氷山にたとえることができます。氷山というのは、一説によると海面に顔を出しているのはその大きさの一〇分の一で、一〇分の九は海の下に隠れているといわれています。この例にならうと、一〇分の一が意識、一〇分の九が無意識です。よい行動も、社会的に問題となる行動も、いずれにせよ精神分析の考え方では、圧倒的に一〇分の九の無意識が影響を与えているという主張です。

意識というのは言葉で表現される世界ですから、これは事実として記録することができます。しかし、問題は無意識です。無意識は夢を通してしか理解することはできない。この極めてプライベートな「夢」という世界は、第三者あるいは多くの人と共通の事実として情報共有するのがとても難しいのです。したがって、科学の立場からすると、無意識を研究することは困難だということになるわけです。

*4 ジークムント・フロイト
Freud, S.（1856-1939）
ウィーン大学医学部卒業後、ヒステリー研究から深層心理学、性欲説に発展、第一次大戦前後にイド・自我・超自我の考えに進んだ。精神分析の創始者で、なおかつ臨床心理学、社会学、文化人類学、教育学、犯罪学など広範囲にわたる学問に影響を与えた、二〇世紀の代表的な心理学者。

さて、このフロイトの精神分析の考え方の反対の立場が、よい行動も社会的に問題ある行動も「学習」によって説明しようとした人がパブロフです。[*5] パブロフは、ノーベル賞を受賞した人で、先ほどお話ししたレスポンデント条件づけを初めて提唱した人物でもあります。

■創始者サルターの先駆的業績

このパブロフの条件づけ理論を、心に問題を持っている人、特に、不安という感情を多く抱えながら生活している神経症の患者さんを救うために活用したのが、アンドリュー・サルター[*6]でした。サルターは、ある考え方を提唱しました。この考え方は、その後大きく発展する行動療法の先駆的な業績であると考えられています。

一九四九年に『条件反射療法[*7]――パーソナリティの改造への直接的接近法』を刊行したサルターは、この本で次のように述べています。

「神経症の人たちは、何らかの誤った制止的な行動、例えば内気とか引っ込み思案といった、シャイといわれるような行動パターンを学習してしまった」

このような人たちが健康になるためには、この制止的行動パターンを興奮の方向へと再条件づけすることが必要であると考えたわけです。

サルターの考え方には、「興奮」「制止」「逆制止」といった三つの基本的な考え方があります。これらはすべてパブロフの考え方から援用されています。例をサルターの著書から紹介しましょう。

自信がなく、借りてきた猫のように引っ込み思案で影の薄い人物がいました。彼は、

***5 イワン・パブロフ**
Pavlov, I. P.（1849-1936）
ロシアの生理学者。犬の唾液腺の研究中、飼育員が近づく足音で犬が唾液を分泌していることを発見。のちに条件反射と名づけたこの方法を使って、中枢神経系の機能に関する研究を進めた。一九〇四年にノーベル生理学・医学賞を受賞。

***6 アンドリュー・サルター**
Salter, A.（1914-1996）
フロイトの精神分析を痛烈に批判し、パブロフらの条件反射に基づいて条件反射療法を創始した。

***7『条件反射療法』**
Salter, A. Conditioned Reflex Therapy: The Direct Approach To The Reconstruction Of Personality. New York: Farrar, Straus, and Giroux, 1949.

「制止」という強い傾向を持っている。それならば「興奮」を増強するためのプログラムを考えて、それをトレーニングすればいい。つまり、再学習すること、再条件づけすることによって、健康になると考えるのです。

トレーニング法としては、次の六つが紹介されています。

■サルターのアサーション・トレーニング＊8

一つめは、「感情を言葉にする」ということです。自分が感じていることを言葉で表す。悲しいとか寂しいということを素直に言葉で表せない人がいたとしたら、それを自然に表現できるようにトレーニングする。つまり、否定的な感情であろうと、肯定的な感情であろうと、率直に自分の感情を言葉で表せるように、そういう条件づけ、再条件づけをするわけです。

二つめは、「表情で語る」ということです。自分が感じていることを表情で表現する。喜怒哀楽のような感情を感じていても、ポーカーフェイスでその感情を流してしまう人もいます。ですから、自分の感情を流さず、表情で表すトレーニングをするのです。

三つめは、「異議をとなえる」ということです。私たちは討論などをするとき、「長い物には巻かれろ」という思想でもって、「異議あり」と自分の考えを表現することを差し控えることがあります。人の話を聞いていて「待てよ」とか「はてな」と思ったときに、その話を止め、相手に確認をしたり質問をしたりして、相手に対して自分の意見を率直に述べるというトレーニングです。誤解しないでいただきたいのは、「相手をやっつける」ということではないということです。やっつけて自分が相手より上の立場に立とうとするこ

＊8
『カウンセリング』澤田慶輔（創価大学出版会、一九八四年）を参考とした。

とではありません。

四つめは、「できるだけ一人称名詞を使って話をする」ということです。会議などのとき、主語を「我々は」あるいは「みんなが」としていながら、自分の意見を述べようとする人がいますが、ここでいう一人称というのは、「私」ということを明確にして意見を言うことです。これを、「I《アイ》メッセージ」といいます。このことによって、自分のスタンスを相手に明確に伝えるという訓練になるわけです。

五つめは、「褒められたときに同意を示す」ということです。人から褒められたときに謙遜して「とんでもありません。私なんかそんな柄ではありません」と言う人がいますが、褒められたときは率直に「そう言われて私もとても嬉しいです」「そのように言われて私はたいへん気に入っています」というふうに、相手の褒め言葉に同意を示すというトレーニングです。こういうことによって、私たちは自己肯定感を高めることができるわけです。

六つめは、「即興的に行動する」ということです。内気な人、消極的な人は、石橋を叩いて渡る、あるいは叩いても渡らない、というふうに用心深くなりがちです。そういう人は、一方ではリスクを取らないわけですから、新しい体験も自分の殻を破ることもできません。そこで、今までやったこともないような行動を即興的にしてみる、また意識してトレーニングすることによって「案ずるより産むがやすし」という結果を学習し、柔軟性のある行動がとれるようになることを目指すのです。

このようにサルターは、性格というのは生まれつきではなくて、条件づけによって生まれる。そうである以上、自分の弱い部分がもしも性格にあるとすれば、興奮増強の技法を活用することによって、表現力豊かで自信のある性格に変化することができると述べているのです。

こうしたサルターの業績は、しばらくは注目されませんでした。しかし、一九五八年にウォルピ[*9]という行動療法家がサルターの考えに注目し、興奮するという考え方を「主張的反応」として再定義し、初めて「アサーション・トレーニング」という名称のトレーニング法が生まれました。

ウォルピは、アサーションを次のように説明しています。

「アサーションという言葉は、ここではどちらかというと広い意味を持っている。それは、多かれ少なかれ攻撃的な行動だけでなく、友好的な、親愛的な、さらに他の不安的なものではない、感情を外部に表出することである」

レスポンデント条件づけ

すでにお話ししたように、学習の理論にレスポンデント条件づけがあります。この原理は、パブロフの犬の実験としてよく知られています。生理学者のパブロフは、次のような実験を行いました。

■パブロフの犬の実験

お腹をすかせた犬にメトロノームの音を聞かせます。犬は耳をそば立てて注意を向けるという反応をします。

＊9 ジョゼフ・ウォルピ
Wolpe, J.（1915-1997）精神科医。若い頃はフロイトに熱中していたが、パブロフの著作に接するうち、神経症的行動は学習されたものであるから、有効な学習解除の方法によって除去することができると考えるようになった。その方法は条件づけの理論をもとに考案され、「系統的脱感作法」とも呼ばれる。

次の段階では、お腹をすかせた犬にメトロノームの音を聞かせるのと同時にエサを見せます。そうすると犬は唾液を出す。このメトロノームの音とエサのセットをある程度の回数くり返します。すると、唾液量はだんだん増えてきます。

三つめの段階です。やはりお腹をすかせた犬に、今度はメトロノームの音のみを聞かせます。そうすると不思議なことに、メトロノームの音を聞かせただけで犬は唾液を出すわけです。

メトロノームの音に対して唾液が出る反応、つまり、刺激に対する無条件の反応、これがレスポンデント行動といわれます。

では、このレスポンデント行動の特徴についてお話しましょう。

レスポンデント行動には、「不随的行動」という特徴があります。不随的行動というのは、自分の意志力で制御できない行動の種類です。たとえば、血圧、心拍、あるい

1 訓練前：CS（音）→ R（耳をそばだてる、注意を向ける）

2 訓練：CS（音）

UCS（餌）→ UCR（唾液分泌）

（ある程度の回数、試行を繰り返す）

3 訓練後：CS（音）→ CR（唾液分泌）

＊CSは条件刺激（conditioned stimulus）、CRは条件反応（conditioned response）
UCSは無条件刺激（unconditioned stimulus）、UCRは無条件反応（unconditioned response）を指す。

図１　レスポンデント行動形成の過程
（『教育心理学序説』西昭夫・國分康孝編著、福村出版　参考）

は脳波などは、人間の意志力ではコントロールできない行動です。また、この行動を支えている神経は、自律神経という神経です。

例えば、〝あがり症〟の人がいます。人前で何かパフォーマンスをしようというときに、顔が真っ赤になり、足がガクガクする。でもこの人は生まれつき、赤ちゃんのときから顔が真っ赤になって足がガクガクしているわけではありません。どこかでボタンの掛け違えが起こって、あがり症になってしまったわけです。

もしかしたらあがり症の人は、小学校の頃、国語の時間に朗読するように教師から指名され、起立して本を朗読したときに間違った読み方をしてしまった。そのとき、クラスの仲間から大声で笑われたという体験があったのかもしれません。これはその人にとって大きな心の傷になります。

さて、この人が成長し、人前でプレゼンテーションをするような状況があったとします。この人は過去に仲間から笑われたという体験を引きずっている。その経験が記憶の中にそのまま残っていて、まったく関係ない状況の中でも「人から笑われるのではないだろうか。笑われたら自分の評価は下がってしまう。身もふたもない」と思ってしまった。そのような推測のもと、身体反応として顔が真っ赤になり、足がガクガクするという現象になるわけです。これを解き明かすメカニズムがレスポンデント条件づけです。

もう一つの例をお話しします。

道を歩いていたら交差点がありました。そのとき、赤信号が点灯していたとします。そうすると、私たちは気がつかないうちに、赤信号で足を止めるという反応をしています。やがて信号機は青に変わります。青に変わったとたんに、私たちは交差点を渡り始めます。これはほとんど意識していません。このように、私たちは自分でも気がつかないうちに社会生活の中で反応している、そういう行動というのは、不適応行動、適応行動を含めてたくさんあります。

例えば、ジェットコースターが嫌いな人がいます。あるいは、スカイツリーのような高いところが苦手な人がいます。高所恐怖症というふうに呼ばれますが、生まれつき高所恐怖症の人はいないはずです。どこかでボタンの掛け違えがあったわけです。

しかし、この「恐怖症」という現象を生まれつきではないと考える以上は、それを「再条件づけ」によって、健康な、環境に適応した行動に修正することはいつでも可能なのです。

レスポンデント条件づけの研究は、私たちにそれを示してくれているわけです。

コミュニケーション行動に話を移すと、メッセージを発信する人が、不安に思ってプレゼンテーションをするのに自信がなかったり、あるいは他人からの評価を気にするあまりに心配症に陥っていたとしたら、受信人は発信人のそういう態度、あるいはメッセージを送る様子を見て、その人のプレゼンテーションについて疑問を持ったり、あるいは不信感を持ったりするということが起こる。

そこで、メッセージの発信人がトレーニングを受けることによって、リラックスして、しかも自信を持って話すことができたとしたら、受信人は発信人の説得力のある話に耳を傾け、理解を深めようとするでしょう。

アサーションという言葉を使って言い換えると、非アサーティブ行動（受け身的行動あるいは攻撃的行動）は、アサーティブ行動が不足もしくは過剰であったために、レスポンデント条件づけによって、メッセージを不安と怯えを持って受け取られてしまう、という表現になるわけです。

そうであるからこそ、発信人がブレている自分の態度を修正して平常心でメッセージを送れば、受信人も安心して心地よくメッセージを受け止めることができるのです。

さわやかなアサーションというのは、このようにトレーニングをする根拠が明確で、レスポンデント条件づけという理論に基づいた自己表現なのです。

アサーション権宣言

4章でもふれましたが、アルベルティらは、他の人を傷つけない限り、誰もが以下の三つの権利[*10]、すなわち「アサーション権」を持っていると言います。

第一に、自分自身である権利です。仮に私が講師を頼まれているのに、熱を出したとします。しかも、研修が終了するまでは講師役を務めなければならないのです。そこでカラ元気を出し、無理をして講師役を務めていたら、終了前に倒れて、救急車で病院に運ばれてしまうかもしれません。しかし思考を変えて「実は、私昨日風邪をひきましてね。体調が悪く、熱があるのです」と開口一番に、こう言って弱みを伝えたらどうでしょう。

あるいは、二日酔いで講義をするときも、私は学生に「実は、二日酔いで頭が割れそうに痛いのです。酒臭いかもしれないけど、我慢してね」と正直に告白しておくと、不思議なもので、天下一品の講義ができたりするのです。このように、つらい状態であることを、素直に自覚することが大切なのです。これが自分自身である、ということです。つま

＊10 三つの権利
『自己主張トレーニング』（東京図書刊）の著者らが、アサーティブ行動の要として強調している権利のこと。すなわち、それがアサーション権で「自分自身でいる権利」「自分自身の存在を表現する権利」そして、「自分自身でいること、自分自身の存在を表現することに対して、罪悪感や無力感を持たなくていい権利」の三つである。

り自分自身である、というのはこのように「自分に素である」ということです。

第二に、自分を表現する権利です。風邪をひいている、二日酔いである、ということは、言ってても言わなくてもどちらでもいいのです。そのような選択肢を自分が持っているということです。

そして第三は、以上の二つの権利を行使するときに、罪悪感や無力感を持たなくていい権利です。すなわち、他人に自分の弱みを見せても、「弱虫だ」とか「愚痴をこぼしてしまった」「他の人にどう思われるだろう」などと思い悩む必要はありません。むしろ、そういう自分に誇りを持ってもいい、という権利です。

かつて、平和部隊に所属している隊員が、プライベートな質問をされて公私の板挟みとなり、困り果てた挙げ句に脱落してしまったという事例がありました。そこで、この部隊でメンタルトレーニングに従事していたマニュエル・スミスは、個人が他者に操作されることを防ぐために、自分で自分の行動を選べる権利を九項目にまとめて提唱したそうです。[*11]

それが、「アサーション権宣言」です。スミスは後に『「うまくいく人」の頭のいい話し方』[*12]という本も書いています。

それでは、スミスが提唱した「アサーション権宣言」を紹介しましょう。

*11 深澤道子の説明による。

*12 **『「うまくいく人」の頭のいい話し方』** マニュエル・J・スミス著、あさりみちこ訳(徳間書店、二〇〇五年)(Smith, M. J. (1978). When I say no, I feel guilty. NY: Bantan Books.)

アサーション権宣言

1　誰も、自分の思考・感情・行動は自分で決めることができて、しかも自分が起こしているものである。だから、その結果が自分に及ぼす影響について責任を取ってよい。
2　誰も、自分の行いたいことは理由を言ったり、いいわけをしないで行ってもよい。
3　誰も、他人の状況や問題を解決するために、もしも協力したいと思えばすればよいし、したくなければしなくてよい。
4　誰も、一度言ったからそれを変えていけないことはない。自分の気持ちが変わったら変えてよい。
5　誰も、間違いをしてもよい。そしてそのことに責任を取ってよい。
6　誰も、「私は知りません」と言うことができる。
7　誰も、他人の善意に応じる際に、自分独自の決断をしてよい。
8　誰も、決断するにあたって論理的でなくてもよい。
9　誰も、「分かりません」と言うことができる。

「アサーション権」を知り、思考を鍛えることはアサーション・トレーニングの一つです。それによって、生き方が楽になったり柔軟になったりして行動の選択肢が増え、アサーティブ行動が可能になっていくのです。では、アサーション・トレーニングを行うときの後ろ盾となる「アサーション権」について一つひとつ見ていきましょう。

■アサーション権宣言１

誰も、自分の思考・感情・行動は自分で決めることができて、しかも自分が起こしているものである。だから、その結果が自分に及ぼす影響について責任を取ってよい。

思考・感情・行動は人間に与えられた平等の能力であり、それらは自己決定の結果によるものです。感情は、相手や状況、所属している組織の影響によって生み出されるものではなく、自分がそこに一枚噛んで生まれて来るものです。だから、その結果についての責任を自分で取ることもできるのです。よく「私がキレたのはあいつのせいだ」などと言う人がいますが、それは間違いです。キレるかキレないかを決めていたのは自分だったのです。

■アサーション権宣言２

誰も、自分の行いたいことは理由を言ったり、いいわけをしないで行ってもよい。

自分の行動を正当化するために、説明や口実をくどくどいわずに、さっさと実行してもいい権利です。例えば、会議の場で賛成や反対の意見を述べるときに、まわりに過剰な気遣いをして弁解がましい発言をしなくてもいいのです。結論のみで賛成か反対かの意思表示をするだけでもよいのです。

■アサーション権宣言３

誰も、他人の状況や問題を解決するために、もしも協力したいと思えばすればよいし、したくなければしなくてよい。

他人の問題解決に、自分が責任を持つか否かを決断する権利です。ゲームや遊びの人数が不足しているので参加して欲しい、と頼まれたとします。しかし、こうした依頼があっても、義理で参加しないで本音で参加の可否を判断すればよいのです。

■アサーション権宣言４

誰も、一度言ったからそれを変えていけないことはない。自分の気持ちが変わったら変えてよい。

自分の主張を気持ちしだいで変えてもいい権利です。主張はいつも首尾一貫している必要はありません。ミーティングの席で自分が主張した論旨も、状況が変化したなら変更してもかまわないのです。しかも、「気分が変わった」という理由だけで論理的な説明をする必要もありません。

■アサーション権宣言５

誰も、間違いをしてもよい。そしてそのことに責任を取ってよい。

間違いはしてもいいのです。そして、そのことに責任を取っても取らなくてもかまいません。どちらを選ぶかは、その人しだいです。

そもそも人生の課題には教科書がありませんから、誰もが間違いを犯すものです。私は間違えるということに関して、一つの原則を持って対応しています。一回目は「偶然じゃないか」、二回目は「たまたまじゃないか」、三回目で初めて「仏の顔も三度まで。これは本物だぞ」と介入して指導します。教育は、失敗から始まります。ですから教室は大いに間違えるところなのです。しかし、いつの間にか成果を得る場所になってしまいました。一回や二回の失敗は、その人にとって肥やしになるはずです。最近は、一回や二回の失敗に誰もがびくびくしています。

■アサーション権宣言６

誰も、「私は知りません」と言うことができる。

英語の〝I don't know.〟のことです。以前、私は教師である以上は学生から質問されたら「知りません」と言うべきではない、と思っていました。ですから、百科事典を背負って教壇に立つ覚悟の一方で、「質問が出ませんように」とも願っていたのです。ですから、教室を出るとぐったりでした。そんなときにこの文章に出合ったのです。私は人間であり、百科事典ではありません。それからは、「知りません」と言えるようになり、知ったかぶりもしなくなりました。知らなかったところは「私の宿題にしておきます。来週までに調べて、分かるところは発表します」と伝えて次につないでおけばかまわないのです。教師に限らず、どういう立場の人にでも知らないことは必ずあります。ですから、誰でも「知りません」と正直に言ってかまわないのです。

■アサーション権宣言７

誰も、他人の善意に応じる際に、自分独自の決断をしてよい。

例えば、慈善団体が募金を求めて来たとします。他人が寄付をしても自分はしたくなければ、求めを拒否してもいいのです。罪悪感を引きずる必要はありません。そのことで、自分は非国民である、と思う必要はないのです。

■アサーション権宣言８

誰も、決断するにあたって論理的でなくてもよい。

何かを決断するときに、もっともらしい論理的な説明をしなくてもいいのです。例えば、外国への留学も、ふと思い立って決断した、と言っていいのです。直感やひらめきやフィーリングで重大な事柄を決めてもかまいません。かえって、このような直感のほうが、論理回路である思考を使っていないだけに、素早く決断ができます。

■アサーション権宣言９

誰も、「分かりません」と言うことができる。

人と意見が異なったり、すぐに結論や決断を下せずに迷ったりしているときは「分かりません。後で調べておきます」と正直にいったほうが、お互いにいい関係でいられるのです。何かを決めるときは、態度を保留してもいいし、ゆっくり決めてもいいのです。結論を取り繕ったり、ごまかしたり、慌てて思いつきで言う必要はありません。

アサーション権を固定して「〇〇するべきだ」、「〇〇せねばならぬ」と理解しないようにしましょう。「状況特異的行動」であるアサーティブ行動は、状況によって一時的に控えたり、アサーティブ行動に成ることを降りたりする勇気も必要です。しかも、アサーティブに成れなかったことについて、くよくよ悩んだり罪悪感を持ったりする必要もないのです。いずれの決断も自分が下したものなのですから。

アサーション権宣言1で述べたように、人間は、思考・感情・行動に関して、さらにいえば健康も自分で決めているのです。つまり、それらは個人の「所有物」ではなく「使用物」だ、ということです。「使用物」ですから自分の意志で使えるし、使えば「報酬[*13]」があります。

例えば「不安」という感情を使うと、最悪な状況が起きたときに、それ以上のダメージを受けなくてすむ、という報酬があります。怒りんぼがプリプリと「おまえ、あっちへ行け」といえば、まわりの人は近寄って来なくなるでしょう。一人になれるのです。「不健康」を使うと、休息が「錦の御旗」のごとく与えられる。とくに病気になる使い方をした場合を疾病利得[*14]といいます。ですから、させられた、のせられた、やらされたという結果で、思考・感情・行動、そして健康を考えてはいけません。要するにアサーション権宣言は、人間の自律(自立)性[*15]と関連しているのです。

エクササイズ 5 アサーション権を考える

❶アサーション権宣言を読み、自分が考えたこと、感じたこと、疑問として残ったことをまとめて記述してみましょう。

*13 **報酬**
reward
心理学では行動の変化やその維持には、報酬の効果が働いていると仮説する。例えばアルバイトをする人は、日給や月給が支払われるから仕事をするのであり、魚を釣る人は、魚が釣れるから釣りに行くのである。また同義語として強化(reinforcement)という言葉もある。

*14 **疾病利得**
アドラー心理学では、「使用の心理学」の立場から感情や考えは「持つものではなく使うもの」だという。すなわち、病気になるということは、人が病気を「使う」ことで、報酬が得られるから病態を変化させないでいるのだ、と考える。

*15 **自律(自立)性**
autonomy
外部からの影響を受けず、自分自身の意志によって決定し、行動すること。自己制御、自己統制のできること。TA(交流分析)では、気づ

❷ 今後、自分のアサーティブ行動を育てるときに、後押ししてくれそうな、アサーション権宣言はどの項目でしょうか。自問自答し、書き出してみましょう。

自己洞察

き、自発性親密さを通して自律（自立）した人間に成ると論じている。

不安の味方

味方というのは、不安を味方につけるという意味です。また、不安を整え直す意味でもあります。

これをリオ五輪における日本選手の活躍のエピソードからお話ししようと思います。テニスの錦織圭選手の最終戦、準決勝の対戦相手は、世界ランキング五位のラファエル・ナダル選手でした。

錦織選手は自分より格上の選手と戦うわけですから、おそらく、たいへんな不安があったと思います。しかし一方では、ナダル選手を破れば銅メダルを手に入れることができるわけです。

彼がこの不安とどう向き合ったか。これはあくまで私が推論した物語です。

まず試合経過からお話をします。第一セットは錦織選手がゲームカウント六対二で取りました。次の第二セットは、六対七で取られてしまいました。おそらく、このときに錦織選手は最大の不安を感じたはずです。

さて、第三セットです。第三セットはゲームカウント六対三で取ることができました。最終的に、錦織選手はセットカウント二対一で勝利し、銅メダルを獲得しました。日本テニス界九六年ぶりの快挙を成し遂げたのです。

この日、幼い頃の錦織圭選手を指導したスポーツ解説者の松岡修造は、次のようにコメントしました。

「圭は自分を破った」

松岡は人気の〝修造日めくり〟を用意して、「自分」という文字だけが書かれた一枚を手にし、その紙を横からど真ん中をで切り裂きました。そして、曰く「圭は自分を破った」。見事なコメントでした。

もしも第二セットで心が折れて、「もう絶望的だ」「銅メダルを逃した」というふうに考えたとします。腰が引けてしまい、不安に飲み込まれてしまった状態です。ところが錦織選手は違っていました。この不安を味方につけることができたのです。

実は一般論的にいうと、不安というのはモチベーションにもなります。しかし、不安も過剰になると足を引っ張る原因にもなってしまいます。錦織選手は不安をモチベーションに変えることができたわけです。

また、オリンピックに出場するアスリートたちは、ここ一番の大舞台で勝利するのには、並々ならぬトレーニングをしたはずです。リオ五輪では、日本は四一個のメダルを獲得しました。そのメダルの一つひとつに、人目には映らない隠れたトレーニングの物語があったはずなのです。

ここから学べることは、私たちは観客として、競技者としてのアスリートたちになぜ感激し、魅了されるのかということです。それは、競技者であるアスリートたちが発信する全身のメッセージを、私たちがさわやかな気持ちで受信するからです。

もしも仮にアスリートたちがドーピングなど違法な方法で勝利したと知ったとき、観客である私たちは不愉快な気持ちになります。スポーツが教えるスポーツマンシップとは、競技者であり、メッセージを発信するアスリートたちが健康な、しかもルールを遵守して一瞬の競技に全身全霊をかける、その姿勢に共感するからです。

いよいよまとめです。「さわやかなアサーション」は、メッセージの送り手が十分に余裕を持った姿勢で自分のメッセージを相手に伝えようとする、そこから生まれる自己表現です。そうすると、受け手も安心と余裕を持ってメッセージを受け取り、読み解き理解しようとするのです。

もし、自分を振り返って未熟だ、あるいは過不足があると気づいたとき、レスポンデント条件づけの原理を活用した対処法があります。たとえば「自律訓練法[*16]」、あるいは「系統的脱感作法[*17]」等々のアプローチです。それらによって克服することが可能です。

エクササイズ 6 レスポンデント条件づけを体験する

❶次の単語を読み、空欄にあなたの体に起こった反応を書き出してください。

梅干し　レモン　酢　夏ミカン

起こった反応：

❷次の単語を読み、空欄にあなたに生じた感情を書き出してください。

ヘビ　お化け　ゴキブリ　イモムシ

*16 **自律訓練法**
autogenic training
ヨハネス・シュルツ(Schultz,J. H.)が創始し、その後、ウォルフガング・ルーテ(Luthe,W.)とともに発展させた自己催眠の方法。一定の言語公式を段階的に進め、徐々に注意の集中を練習する。これによって、自律的なからだの諸機能をコントロールできるようになり、内的な弛緩やさらに進んで心理療法的な瞑想をも達成できる。

*17 **系統的脱感作法**
systematic desensitization
ウォルピによって開発された行動療法による不安・恐怖の治療技法。面接や調査票からどのような場面や刺激によって生じるかを調査し、不安・恐怖に対する弛緩状態を段階的に習得させることにより治療する。

起こった感情：

これらの単語は、現物ではなく記号に過ぎません。しかし、その記号を見て私たちはどうして反応や感情を起こすのでしょうか。❶は経験の結果身につく反応で、❷は生まれつき持っていた感情が、経験によってその現物のイメージとリンクするようになったものです。つまり、人間の有する反応や感情はすべて経験というトレーニングの結果身につけることが可能だということです。アサーティブ行動も同様に、トレーニングで身につけることができるのです。

自己洞察

6 しなやかなアサーション

予測できるのは、将来それと似た反応が起こるだろうということだけである。したがって、科学の予測の単位は、一回の反応ではなく、反応のクラスである。

——B・F・スキナー

自他を尊重するアサーション

まず、5章と6章をつなげる話をしようと思います。

私は以前『こころの科学』[*1]に、ある論文を掲載しました。そこには「アサーティブ行動は社会的妥当性[*2]が高い行動である」と書きました。その理由には、次の三つの前提があります。

第一の前提は、アサーティブ行動は、行動変容の原理[*3]に基づくものである。

第二の前提は、アサーティブ行動は、感情・思考・行動を含む総合的な対人コミュニケーションである。

第三の前提は、アサーティブ行動は、自己や他者の存在や基本的人権を尊重する、信念や価値観の表現である。

5章と6章は、この第一の前提に関わっています。

*1 **『こころの科学』**
菅沼憲治「ストレスと自己表現 アサーション」(『こころの科学26』日本評論社、一九八九年、p82-112)

*2 **社会的妥当性**
介入する行動やプログラムが社会的に受け入れられ認められるものであるかどうか。

*3 **行動変容の原理**
長年習慣的に行ってきた行動様式を変えるためのアプローチ。スキナーのオペラント条件づけの理論を発展させた行動療法に行動変容法がある。

つまり、アサーティブ行動というのは、マンネリとワンパターンになりがちな習慣的な行動様式から、自他尊重の柔軟な理念に基づく行動へと変えていこうとするトレーニングであるということです。

■対人関係から見た　アサーティブ行動の位相

この前提をもとにして、アサーティブ行動のモデルを考えてみます。それが「対人関係からみたアサーティブ行動の位相」です（図1）。この図では、アサーティブ行動は、五つの位相から成り立っていることを示しています。

位相①は、欲求・感情の位相です。例えば、親和欲求[*4]、承認欲求[*5]、怒りの感情、不安の感情、罪悪感などです。

位相②は、認知の位相です。例えば「こうすべき」「こうあらねばならぬ」といった信念体系、あるいは「真善美」[*6]などの価

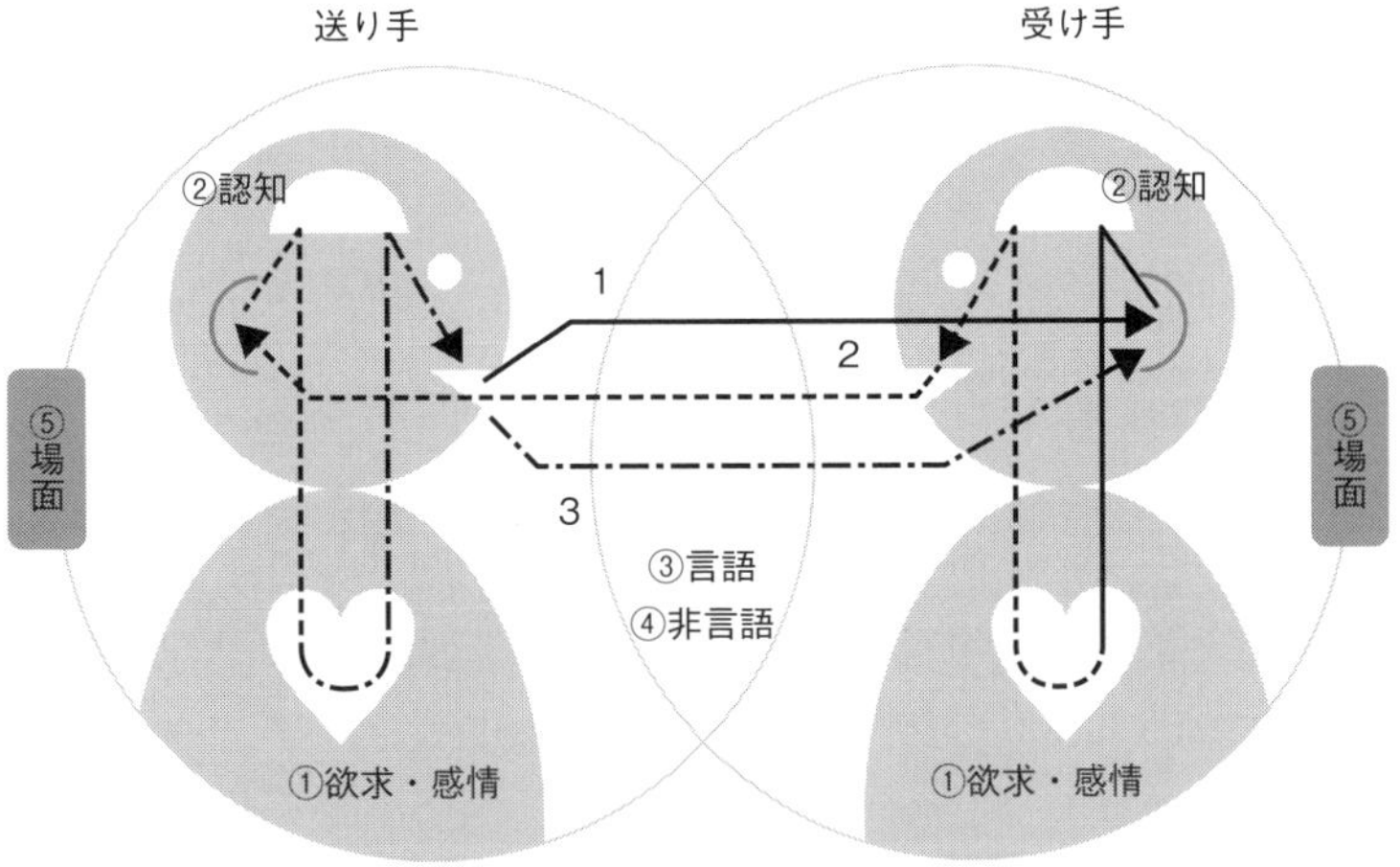

図1　対人関係からみたアサーティブ行動の位相

＊4 **親和欲求**
心理学者グラハム・マズローによるマズローの欲求五段階説の一つ。人が誰かと一緒にいたいと願う欲求のこと。

＊5 **承認欲求**
親和欲求と同じくマズローの欲求五段階説の一つ。他人から認められたいと願う欲求のこと。

＊6 **真善美**
プラトンの言葉。人間の理想を意味する。真は認識（学問）、善は倫理（道徳）、美は審美（芸術）において追求する目標を表す。

値体系を意味します。

位相③は、言語表現の位相です。例えば、「おまえのせいで今腹が立っている」という「YOUメッセージ」[*7]を「私は今腹立たしい」というような「私」をキーワードとして表現する「Iメッセージ」に意識的に変えるというものです。

位相④は、非言語表現の位相です。例えば、表情、声の大きさ、姿勢、手足の動きなどです。

位相⑤は、状況・場面の位相です。例えば、そのとき置かれている状況や、相手との関係性などです。

この五つのアサーティブ行動の位相を対人関係から見ると、自他共に共有できる位相というのは、言語表現の位相③と非言語表現の位相④です。

ここが送り手・受け手両者にとって共有できる位相だと言えます。残りの位相①、位相②、位相⑤は、送り手・受け手とも、お互いに了解できない、それぞれ固有の位相なので、私たちは、読心術を学んでいない以上、生身の人間として共有化できる位相③と位相④を磨いていく必要があるわけです。

とは言うものの、位相①、位相②、位相⑤に関しても深く自己洞察し、気づきを加えながら自他尊重、つまり相手との間にWin-Winの関係を構築していくという人間関係が問われるわけです。

ここに、アサーティブ行動をトレーニングする意味があると思っております。

＊7 YOUメッセージ
「おまえが悪いのだ」というように、「あなた」を主語にしてネガティブな評価の表現を込めたコミュニケーション。自分の感情の責任を相手に転嫁しているため、相手は抵抗してへそを曲げるか、喧嘩に発展しかねない。

スキナー箱の実験

ここで、学習分野の心理学について私が体験したエピソードをお話ししようと思います。

私は大学院生だった頃、心理学者B・F・スキナー*8が開発したスキナー箱を用いて伝書バトを被験体とした動物実験をしておりました。その研究テーマは、簡潔に言うと、「伝書バトに概念が形成できるだろうか」という実験でした。

私たち人間は、世の中で遭遇する対象を自分と同じ人間と分類する、あるいは四つ足動物である猫・犬と分類する、あるいは地面にとぐろを巻く蛇、あるいは道をゆっくりと歩く亀、あるいは翼を広げて空を飛び交う鳥類というふうに分類する……。私たちは出会う対象物をこのように瞬時にカテゴライズしています。

これができる前提には、人間は概念という枠組みを学習しているということがあります。そこで、伝書バトにもこのような概念というものを、トレーニング、つまり学習によって習得できるかというのを実験しました。

実験の詳しい手続きは省略しますが、結論から言うと、伝書バトは、一般的に私たちが思っているよりもはるかに優れた情報処理能力を持っているということがわかりました。伝書バトの視覚（環境の情報を目から取り入れて脳に伝える際の能力）は、人間を超えてはるかに高度な能力を持っているということです。

ですから、空を飛ぶ伝書バトは、地面に落ちているものが食物、つまり自分の食べ物として認識するか、あるいは自分の食べ物にならないものとして認識するか、高いところを

＊8　B・F・スキナー（バラス・スキナー）

Skinner, B. F.（1904-90）アメリカの心理学者で行動分析学の創始者。ヒトや動物の行動はレスポンデントとオペラントの二つに分類できるとし、パブロフの条件反射をレスポンデント条件づけとして、エドワード・ソーンダイク（Thorndike, E. L.）の試行錯誤学習をオペラント条件づけとして再定式化。スキナー箱の考案者としても知られる。

滑空しながら認識していたことになります。そういうことが実験によって実証されたわけです。

■スキナー箱の実験の応用

こういった研究を私に指導してくれたのが、日本におけるスキナー箱を使ったオペラント条件づけ実験[*9]の草分け的存在である故小川隆[*10]でした。こうして、二十代後半の三年間を私はオペラント条件づけの研究を通して過ごしてきました。この体験は、後に、人間の行動を理解するのにたいへん役に立ちました。私たちが読み・書き・そろばんといったリテラシーを身につけているのは、このオペラント条件づけの原理が働いているということがよく理解できたからです。

外国語の例で見てみましょう。私は第二外国語として英語を勉強しましたが、生まれた時からアメリカに住んでいる子供に比べると、はるかに劣る能力でしか英会話をすることができません。これはどうしてかというと、私は日本人ですし、日本の社会の中で日本語を活用して生活することによって、たいへん利便性のある生活を送っています。もし仮に私が日本社会の中で英語を使って生き抜こうと頑張ったとしても、不利益を被ることのほうが多くて、私にとって得なことは何一つないわけです。

そんなわけで、私の英語能力というのは、環境によって左右されていることも、この原理から理解できます。

逆説的に言うと、ネイティブ並みの英語の読み書きができるようになりたければ、アメリカに根付いた生活をすれば、それは達成できるわけです。

*9 **オペラント条件づけ**
スキナー箱の実験に代表される。この箱のなかにはネズミが押すことのできるテコがあり、ネズミがテコを押すと報酬（餌など）が与えられる仕組みになっている。ネズミは偶然テコを押して報酬が与えられると、テコを押すことを学習するようになる。このように、自発的行動に応じて報酬を得たり罰を避けたりさせながら、そのような方向でふるまうことを強化することを、オペラント条件づけという。

*10 **小川隆**
（1915-1997）
一九五三年、第一七回日本心理学会大会で「伝書鳩の弁別道具条件付け」を発表。日本で初めてハトを使ったオペラント条件づけについて学会発表を行ったとされる。

こうした背景には、中枢神経が支配する行動を条件づけするという生理学的な根拠があります。

5章で述べたレスポンス条件づけというものは、人間がもともと持っていた能力と環境とを結び付けていく、そういう学習の原理でした。例えば、雷恐怖症というものがあったとします。これは、たまたま運悪く雷に遭遇して、ショックを受けたことによって雷恐怖症になるわけです。私は、雷が鳴ったとしても比較的平気で過ごすことができます。それはどうしてかというと、雷に関する怖い思い出が記憶の中にあまりないからです。

一方、オペラント条件づけは、もともと持っていない能力を特定の学習の強化によって形成するものです。私たちの読み・書き・そろばんなどの能力は、環境（刺激）への自発的な行動を起こす働きかけと、その結果に対する賞（または罰）という刺激によって形成されるわけです。

私達は、オギャーと生まれたときはこうした能力がゼロでした。しかし、周りの環境や、幼稚園から小学校・中学校を経て、高校、大学へと進学するにつれて、多くの情報リテラシーを獲得していきます。

多くの情報リテラシーを獲得したということは、中枢神経が支配する行動のレパートリーが増えたということです。こうして、私達は利便性のある生活を送ることができているのです。

オペラント条件づけ

ここで私が今までオペラント条件づけという言葉で説明してきた、そのメカニズムについて図2を使って説明しようと思います。

空腹のラットをスキナー箱（CS）に入れます。ラットは箱の外に出ようと激しく暴れます。そして、偶然箱の内部のレバーが押されたとき、強化子（UCS）の餌が与えられ、ラットはそれを食べる（UCR）ことができます。その後、ラットは意識的にレバーを押す行動（CR）を増やすようになります。

大事なことは、私たちはさまざまな環境に取り囲まれて生きているということです。その環境の中で、たまたま自発的に起こした行動が目的を達成すると、報酬が与えられます。報酬が与えられると、私たちはその行動をかなり自発的に、意図的に、意識的に行うようになります。

一方で、与えられた環境の中で自発的に起こした行動が目標を達成しなかったとします。私たちはそのときに、罰という刺激を与えられます。そうすると、自発的に起こした行動は減少していくという結果になります。

私たちが自発的に起こす行動というものが、結果的に「賞」であればその行動が頻度高く形成される。一方で、自発的に起こした行動が「罰」という結果をもたらすと、その行動は減少の傾向をたどって、なくなってしまうということです。

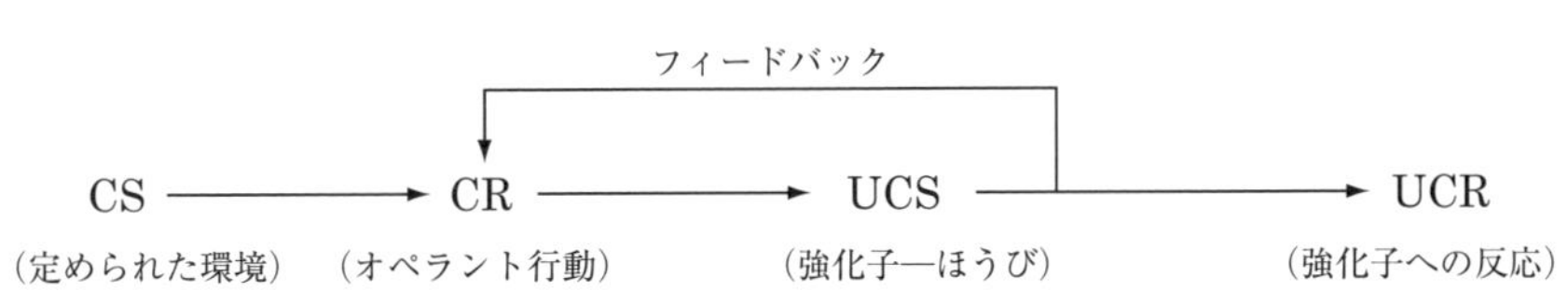

＊CSは条件刺激（conditioned stimulus）、CRは条件反応（conditioned response）UCSは無条件刺激（unconditioned stimulus）、UCRは無条件反応（unconditioned response）を指す。

図2　オペラント行動形成の過程
（『教育心理学序説』西昭夫・國分康孝編著、福村出版　参考）

もう一つ大事なことがあります。私たちを取り巻く環境と賞罰というものが関係して自発的な行動に影響するということです。この環境と自発的な行動と賞罰の三点セットをオペラント条件づけの専門用語では「三項随伴性《さんこうずいはんせい》」といいます。つまり、三項随伴性というのは、私たちが自発的に行おうとする行動の状況とか、場面とかに置き換えていいわけです。

「しなやかなアサーション」は、このようなオペラント条件付けの考え方が基礎となっています。

機能的アサーション

「さわやかなアサーション」は、アサーティブ・受け身的行動・攻撃的行動という形態(見た目)により定義されています。これらを自分と相手の二者で考えたとき、Win-Winになる関係がアサーティブであり、Win-Loseになる関係が受け身的行動、または攻撃的行動となります。しかし、複雑な人間関係においては、Win-Winと思われていた行動が、相手や状況によってはWin-Loseになる可能性もあるなど、この形態で画一的にWin-Winの関係を作ろうとするには、あまりにも簡単すぎるのではないかという問題が研究者の間で指摘されてきました。

そこで、三田村仰[*11]は「状況次第で表現を変える」機能的アサーション[*12]の提案をしているわけです。それが「しなやかなアサーション」です。

この「機能」というのは、自他を尊重する自己表現というのが前提としてあります。そ

*11 **三田村仰**
立命館大学 総合心理学部准教授。専門は行動分析学、臨床心理学。

*12 **機能的アサーション**
三田村仰「しなやかで芯のある自己表現―機能的アサーションとは何か?」(『最先端の心理学―基礎研究と応用実践』玉越勢治・三田村仰・野田航・前田志壽代著、関西大学出版会、二〇一一年)

の上で「形態」という見た目の行動ではなく、送り手が目標としているものをきちんと達成できるかどうかという、働きや効果に焦点を当てた自己表現と考えてみます。

ここで機能的アサーションを整理してみます。

機能的アサーション、すなわち、しなやかなアサーションの特徴は二つあります。一つは送り手が自らの立場から見た目標を達成できるということ。もう一つは、相手の立場から見て可能な限り表現が適切であるということです。この二つの働きによって捉えることができるというわけです。

したがって、機能が良いということは、効果的に目標を達成できる、あるいは相手から見て可能な限り適切であるということです。また、機能が悪いということは、目標が達成できないということ、相手が不必要に傷つくし、不快になるということです。

■しなやかなアサーションの獲得

では、しなやかなアサーションをトレーニングによって獲得するには、どのようにすればいいのかという話になります。

これには二つの視点があります。

一つは、自己表現のレパートリーを広げるということです。送り手が自己表現のレパートリー、自分が使うことのできる自己表現の種類を限りなく広げていくということです。

例えば、奥ゆかしく間接的に自己表現する形態の人がいたとします。この人は、奥ゆかしいということから率直な自己表現、あるいは配慮的な自己表現にまで、その表現のレンジ、つまり表現の幅を広げて、しなやかなアサーションのために多くの表現形態を学習する必要があるわけです。

理論的には、自己表現の形態というのは、言語表現、非言語表現、パラ言語、環境調整の四つに分類できます。

言語表現

「言語表現」というのは、文字通り言葉を使ってメッセージを相手に直接的または間接的に伝える方法です。感謝の「ありがとう」、挨拶の「こんにちは」、相手を褒めるための褒め言葉、さまざまな言葉があるわけです。

非言語

「非言語」というのは、表情や姿勢などです。何かを拒否するとき、ニコニコ笑いながら「結構です」と言っても相手には伝わりません。真面目な表情で言うことで伝わるのです。そういう言行一致の表現が問われるわけです。

パラ言語

「パラ言語」というのは、話す際の間の取り方や発言のタイミングなどです。例えば、スピーチをするときには、相手に伝わるようなテンポと抑揚を持って伝える必要があります。また、目上の人と話す際には、発言のタイミングの間合いを取りながら相手に不愉快な気持ちを与えないような話の進め方が必要になってくるわけです。

環境調整

「環境調整」というのは、表現のために何らかの設定をしたり、あるいは何らかの物を使ったりしてメッセージを伝える工夫をすることです。例えば、プレゼンテーションをするときに、パワーポイントなどで作成したスライドを使って説明すると、視覚的にも言語的にも相手に理解しやすい発表になるはずです。動画を見せて自分が伝えたいテーマについて紹介することも、この環境調整の一つです。つまり、相手の理解を促すような手助けになる媒体を用意するということです。

二つめの視点は、状況に合わせて、その状況のレパートリーを選択するということです。この状況というのは、相手との関係性とか、置かれている文化などが含まれます。

例えば、都会に住んでいた人が田舎暮らしをしようとします。そのときに、都会のセンスをそのまま持ち込んで田舎の人と人間関係を作ろうとしても、難しいかもしれません。というのは、田舎の生活というのは、四季折々に応じて、地域社会のさまざまな行事というものがあります。夏祭り、あるいは秋の農作業、あるいは冬に備えての冬支度。こういう自然と共に生活が営まれている田舎生活のライフスタイルに合った表現というのが用いられるわけです。ですから、地元で話す言葉、方言なども活用しながら、田舎では人と会話をする必要があるかもしれません。

別の例でお話しすると、学生が就職試験の面接まで進んだとします。そのとき、面接官に学生同士で話しているようなタメ口で会話をしたら、おそらくこの面接は失敗するでしょう。面接では、面接官には失礼のない敬語を使ったり、相手に対して尊敬の念を示すような会話をする必要があるわけです。

いわば状況というのはその場の空気のことです。よく言われる「空気を読む」というその対応が問われてくるわけです。

家族の絆

しなやかなアサーションを見事に体現したエピソードを紹介しましょう。話を再びリオ五輪に戻します。

リオ五輪では、女子レスリングの伊調馨選手が四つめの金メダルを獲得しました。この結果は、伊調選手が並外れて強いということはもちろんです。しかし、その勝因は本人だけのものでしょうか。聞くところによると、姉の千春さんを思いやる気持ちも伊調選手にはあったということです。

伊調姉妹は共に女子レスリングの道を歩んできました。しかし、姉の千春さんはこのリオ五輪の舞台に立つことはありませんでした。というのは、千春さんは、アテネ五輪では銀メダルを獲りましたが、金メダルを目指すことなくレスリングをやめてしまったからです。金メダルを獲るという夢を妹の馨さんに託したわけです。

もう一つ重要なターニングポイントがあります。それは、姉妹を支えてきたお母さんをリオ五輪の前に亡くしてしまうという不幸に見舞われたことです。生前、お母さんとは金メダルを獲るという約束をしていました。

伊調選手には、このような家族の応援と、さらには四つめの金メダルを獲るために、たくさんの人の応援がありました。そういうものに応えようとした熱意があったわけです。

さて、伊調選手が金メダルを獲ったときに、いち早く姉の千春さんのところに駆け寄ったシーンは、この姉妹の固い絆を物語っています。言ってみれば、アスリートは自分ひとりでは偉業を成し遂げることはできないのです。国旗を背負う重いプレッシャーの中で、そのプレッシャーをはねのけて試合に臨むには、多くの励ましと声援が必要なのです。しなやかなアサーションという枠組みで伊調選手の快挙を考えるとき、伊調選手が置かれてきた環境と、女子レスリングの道を貫徹した結果として得られたご褒美の数々、これらに加え、伊調選手が自分の道を見失わずに邁進したという行動、これが日本に、そして日本人に強い勇気を与えたと考えられます。

エクササイズ 7 他己紹介

参加者数に応じて四人グループを複数作ります。そして、グループ内の他の二人に自分のパートナーを紹介してください。

相手のことをキチンと記憶に留めておくことができると、「この人は、誠意を持って自分に接してくれているんだな」と映ります。それが他己紹介の目的です。相手のことを覚えていないと、他人に紹介することができないでしょう。

相手のことを記憶して、それをうまく活用していた人が、巨人軍の黄金時代を築いた川上哲治です。川上に関しては、こんな逸話が残っています。シーズン前のキャンプで、巨人軍の選手は、それぞれトレーニングに励んでいました。ところが、川上は、ぶらぶらしているだけです。選手にしてみれば、散歩をしているようにしか見えません。「監督は何をしているんだ」と、みんな不思議に思っていました。

さて、公式戦が始まりました。すると川上監督は、試合の度に一人ひとりの選手に向かって「君の試合での成果は、キャンプのあのメニューの効果だよ」と、具体的に指摘してまわった、というのです。選手は、「監督は、ただ散歩していたのではない。全員のトレーニングのメニューを見て、一人ひとりの練習内容まで覚えていたのだ」と感動しました。「この監督のためにひと肌脱ごう」と選手たちは気を引き締め、大いに戦意を高めました。その結果、巨人軍の黄金時代がスタートした、といわれています。

この川上監督のフィードバックから分かるように、他人の行為をよく見て、それに対して誠意を返すことが、信頼関係を構築するうえで大切なのです。

自己洞察　他己紹介をされた後の気づきを述べよう。

7 すこやかなアサーション

人間の感情の惑乱は、すべてといわないまでも
その多くは自分で生み出すものである

――アルバート・エリス

パーソナリティの定義

これまでのアサーション研究は、心理学の法則定立的理論[*1]を背景に探索されてきました。加藤孝義の『パーソナリティ心理学[*2]』によれば、この分野の研究は、「個人が個性的であることは認めるが、そのパーソナリティの特性次元は誰にでも一様に適用できると考える立場である」と説明しています。

一方で、心理学には個性記述的理論があります。先の加藤によれば、個性記述的理論は、「個人を中心においてみる考えで、個々人のパーソナリティの細部を描き、個人間の類似性はあまり重視しない」と説明しています。個人の独自性を強調しているのです。人間性心理学の提唱者であるカール・ロジャーズやパーソナリティの構成理論を主張するジョージ・ケリー[*3]などは、この立場の研究者です。

こうしたパーソナリティの立場から、アサーションについて探求するのが、「すこやか

＊1 法則定立的理論
普遍性、客観性を重視し、人間の心に関わる一般的な法則性を見いだす理論。法則定立的理論および個性記述的理論は、ドイツの新カント派の哲学者ヴィンデルバントにより大別された。

＊2『パーソナリティ心理学』
加藤孝義著（新曜社、二〇〇一年）

＊3 ジョージ・ケリー
Kelly, G. A.
(1905-1967)
心理学者。パーソナル・コン

なアサーション」です。

■すこやかとは

百歳を超えた健康長寿者を「センテナリアン」と呼びます。以前は、特別な一部の恵まれた人々であると考えられていました。しかし、研究が進んだ現在では、誰もが百歳を超える可能性も夢ではなくなり、その先の「健康的な長寿はどうしたらもたらされるか」という課題に取り組む時代になっているのです。

この章では、精神的健康について研究したアルバート・エリスについても触れます。彼は、一九一三年に誕生して二〇〇七年に他界しました。享年九三歳と、残念ながらセンテナリアンには達しませんでしたが、心理学の世界には大きな足跡を残しました。エリスの理論は、ＲＥＢＴ[*4]（Rational Emotive Behavior Therapy）と呼ばれます。私は、これを「人生哲学感情心理療法」と訳しています。

Rationalに当たる言葉の「人生哲学」は、「想起回想と感情と行動を統合した能力」と定義しています。想起回想は、その人の一二歳頃までの記憶で、繰り返し思い出そうと思えば想起できる記憶のことを意味しています。成人してからは、通常は、ほとんど意識しないでいるものです。しかし、土壇場に立たされるような危機的状態になると、この想起回想がもととなり、例えば感情や行動に影響が表れるのです。

そこで、人生哲学が肯定的な場合は健康、あるいは否定的な場合は不健康になります。

ストラクト理論の主張者。臨床心理学の認知論的人格論を提唱。個人の概念的世界を診断的・治療的には人間関係における役割としてとらえる。概念形成の特殊性を明確にし、治療的に応用するＲｅｐテストを用いる。

＊4 ＲＥＢＴ
Ｒａｔｉｏｎａｌ Ｅｍｏｔｉｖｅ Behavior Therapy
人生哲学感情心理療法。一九五五年にエリスが哲学的洞察と行動療法を統合し説いた理論が始まり。自己説得をしている文章記述が、論理的で事実に即していれば健康な行動になるが、その文章記述に論理的矛盾があったり、事実に即していなかったりすると、悩みが生じるというのがその主旨である。当初はＲＴ（Rational Therapy）療法と呼ばれていたが、感情を重視しない理論、という非難に対応するため、六一年にＲＥＴ（Rational Emotive Therapy）と名称を変更した。さらに、九二年にも、ＲＥＢＴ（Rational Emotive Behavior Therapy）と変更し、現在に至っている。日本

パーソナリティ理論

すこやかなアサーションを考えるとき、パーソナリティ理論[*5]を考慮しないということはありません。一般的な定義として、パーソナリティ理論は大きく二つに分類されます。

その一つは、ヨーロッパ大陸で生まれた「類型論」と呼ばれる理論です。代表的なものに、性格によって外向性と内向性に区分するユングの「類型論」、その他、教科書にはクレッチマーの「生物学的類型論」がよく登場しています。細長型の体つきの人、ふくよかなぽっちゃり型の体形、もう一つは筋肉隆々のマッチョ型の人、性格もこの三つに分類できるというものです。

一方では、イギリスおよびアメリカで発展してきた「特性論」があります。特性論は、パーソナリティは環境や経験に基づいて形成されるものであると説明するものです。つまり、経験的に実証できるパーソナリティ傾向をその構成の基本的単位だと見なして理解する理論です。さらにその行動の最小単位である特性を組み合わせることによってパーソナリティを説明しようとします。

これらの特性は、人間にとって共通のものであり、人の個性は特性が強いか弱いかといった量的な差に過ぎないと考えるため、性格検査にとても馴染む理論でもあります。

この理論から生まれた性格検査の代表的なものに、ギルフォードの理論を元にしたパーソナリティ検査があります。それは「矢田部・ギルフォールド性格検査[*6]」と呼ばれるもので、一二の特性に関する質問で全体が構成されてできています。受検者のパーソナリティはこの一二の特性の量的な強弱によって折れ線グラフ状に表され、可視的に理解できる

では、日本人生哲学感情心理学会（旧称：日本論理療法学会）が一九九六年より啓蒙・研修・研究活動を行っている。

＊5 パーソナリティ理論
人間の思考、感情、行動の一貫性を説明するその人らしさの諸特徴をパーソナリティという。そしてこの概念を構成する、人間の普遍性、個人差、個人の独自性の三点を包括し体系化したものがパーソナリティ理論である。

＊6 矢田部・ギルフォールド性格検査
YG性格検査（ワイジーせいかくけんさ）とも呼ばれる。矢田部・ギルフォード性格検査のこと。ジョイ・ギルフォード（Guilford, J. P.）が作成した人格目録に基づいて矢田部達郎らが作った一二尺度、一二〇項目からなる質問紙法形式の性格検査。日常生活のなかで意識されている性格を理解するのが目的で、無意識の性格面について知るまでにいたらない。

しくみです。性格検査には、他にもキャッテルの特性論[*7]がよく知られています。

さて、エリスの愛弟子であるイギリスのドライデン[*8]によれば、REBTのパーソナリティ理論は、ポストモダニズムである相対主義の原理に基づいているといいます。別な言い方をすれば、脱近代的相対主義の立場です。この立場は、絶対的な精神を志向するドグマ主義[*9]を退けます。むしろ特異性と多様性を容認する、相対主義の立場であるのです。

もう少し具体的に言うと、人間のパーソナリティは、一種類の絶対的な尺度でもって測定することはできないと考えます。したがって、パーソナリティは、その人独自の頭の中で考えている物語として比喩的に説明することができるのです。

その物語を言語化すると、ナラティブ[*10]という、一つの文脈に基づいたストーリーが語られるわけです。そのストーリーを通して、その人のパーソナリティを理解しようとするアプローチです。

さて、この考え方に基づくパーソナリティ理論は、ジョージ・ケリーの社会構成主義[*11]の影響も受けています。すなわち、物事のファクトである真理は一つではないと捉えます。したがって、この世の中には無数の真理が存在することを社会構成主義では認めています。

これを例えで話すと次のようになります。カウンセラーが臨床心理の実践の場面で苦悩するクライエントと向き合ったとき、クライエントが論理的に飛躍のある語りをしても、それを批判したり拒絶したりしないで、クライエントの語りのままに受け入れ、理解しようとします。これがクライエントの真理に近づく道であるとパーソナリティ理論は説くのです。そうした語りに寄り添い、傾聴に値する物語であると畏敬の念を込めて、積極的に

＊7 キャッテルの特性論
特性論は、性格をいくつかの基本となる特性に集約し、その強弱によって個人の性格を記述する考え方。キャッテルは因子分析を用いて16の特性に分けた。

＊8 ウィンディ・ドライデン
Dryden, W.（1950-）
ロンドン大学ゴールドスミスカレッジのカウンセリング心理学教授で、REBTの世界的な権威。『認知行動療法に学ぶコーチング』マイケル・ニーナン&ウィンディ・ドライデン 著、吉田悟監訳、亀井ユリ訳（東京図書、二〇一〇年）、『心理療法士になる』（Laurence Spurlingと共同編集）、『カウンセリング／心理療法の4つの源流と比較』（Jill Mytonと共著）ほか。

＊9 ドグマ主義
dogmatism
ある集団内でのルールや考えを絶対的なものとしてみる独断的、閉鎖的な思考法や立場。教条主義、独断主義ともいわれる。

クライエントの語りを肯定します。

こうした考え方のもと、エリスは一九七〇年代にパーソナリティ理論について言及しています。ところが、パーソナリティ理論家が専門書でエリスの説を取り上げたのは、一九九二年でした。さらに、エリスの弟子、ジーグラーは二〇〇〇年に図1のようなパーソナリティ理論に関する仮説モデルを提案しています。人間の本質を九つにまとめ、パーソナリティ全体の構成図として示したのです。この仮説モデルによると、人間は相対的な強弱で個人の特性が把握できるのだと考えられます。

図は縦軸に九つの人間の本質を示し、横軸に強弱を示しています。

グレーの部分が個人の特性を示しています。この図1に示された受検者は、REBTの自由度のレベル、つまり「自由度が強いか決定要因が強いか」という軸では「ほどほどに」自由であるという立場を取っています。二つ目の「ラショナル（合理的）かイラショナル（非合理的）か」に関しては、中央の「どちらでもない」に位置しています。三つ目の物事の捉え方が「全体的か要素的か」というところでは、「ほどほどに」全体的な捉え

←強弱→

↑人間の本質↓

	強く	ほどほどに	やや	どちらでもない	やや	ほどほどに	強く	
自由度		■						決定要因
ラショナル				■				イラショナル
全　体		■						要　素
構成主義	■							環境主義
変化是認		■						変化不可
主　観	■							客　観
開発的	■							復古的
均　衡				■				不均衡
自明性						■		不可知

図1　パーソナリティ理論に関する仮説モデル
人間の本質に関する九つの基本的な仮説に対するREBTの視座
（Ziegler, D. J.（2000）. Basic assumptions concerning human nature underlying rational emotive behavior therapy（REBT）personality theory. Journal of Rational-Emotive & Cognitive Behavior Therapy, 18, p67-85. を翻訳・引用）

方をしています。四つ目の要素である「構成主義なのか環境主義なのか」というところでは、「強く」構成主義を認めています。五つ目の「変化是認か変化不可か」では、「ほどほどに」変化是認です。六つ目の「主観的であるか客観的であるか」については、「強く」主観的であるという立場に立とうとしています。七つ目の「開発的か復古的か」という要素においては、「強く」開発的、八つ目の本質である「均衡と不均衡」においては、「どちらでもない」という中間の立場を取っています。九つ目の「自明性と不可知」においては「ほどほどに」不可知であるという立場を取っています。

ジーグラーは、こうした人間の本質に関する九つの基本的な仮説に基づいて個人のパーソナリティを理解しようとしているのです。

ゴール

大学の教員である私は、コメディアンの萩本欽一が七三歳で駒澤大学仏教学部に入学したことを知り、ある種の感動を覚えました。現在七六歳になる萩本は現役の大学生です。萩本は、自分自身は普通の大学生とは違うといいます。なぜなら、普通の大学生は単位を取るために大学に来ている。しかし、自分はそうではなくて、勉強をしに来ているのだと言うのです。これはどういうことでしょうか。

萩本の友人の学生によると、萩本は、ある科目の授業にすべて出席していたのに、最終試験の日のみ欠席したといいます。萩本によれば、試験を受けても、目標とした結果を出すことができないと判断したから、試験を辞退したのだというのです。

*10 **ナラティブ**
narrative
自分自身の言葉で語る自分の人生や経験、疾患などの話。心理学や社会学、教育学、医療、福祉等で取り上げられる。

*11 **社会構成主義**
現実にある現象のすべては、人間同士の相互交流を通して社会的に構成されるものである、と考える立場のこと。家族療法、ナラティブ・セラピーに影響を与えている。

この行動の根底にあるのは、萩本が子供の頃から育んできた「勝つか逃げるか」という人生哲学にあるのだと言います。決して「勝つか負けるか」ではないのです。萩本はこの人生哲学に基づいて古希を過ぎるまで生きてきたそうです。このように、自分が「無理だ」と判断したら逃げることに徹し、だからこそ人生において「勝ち続けているのだ」と言います。

私は、その話を聞いて、萩本がキャンパスライフを楽しみ、しかも七〇過ぎても人生を謳歌していることが理解できました。

萩本は、キャンパスライフの目的とは「勉強すること」と述べています。その内容は、知識を得ること、知人を得ること、知性を身につけることの三点だそうです。知性には、ひらめきを得ることともコメントしています。萩本は「本物の教養人になること」を選んだのです。

そもそも「目的（goal）」とは、数字で表すことができない質的なもの、一方、「目標（objective）」は「道しるべ」でもあり、数値化できる量的なものです。そのように考えると、目的とは「価値」で測るものなのです。

このことを教えてくれたのがビクター・J・ストレッチャーが著した『目的の力』[*12]という本です。彼は公衆衛生を専門とするミシガン大学の教授で、哲学的な見解と、科学的なリサーチに基づいて目的の効能を示しています。この本によると、生きる目的を自覚すると、次のような効能が得られるといいます。

1．心臓発作のリスクは二七％減る

*12 **『目的の力』**
『目的の力―幸せに死ぬための「生き甲斐」の科学』ビクター・J・ストレッチャー著、松本剛史訳（ハーパーコリンズ・ジャパン、二〇一六年）

2. 脳卒中のリスクは二二％減る
3. ナチュラルキラー（NK）細胞と善玉コレステロールを増加する
4. 入院日数は一七％減る
5. 死亡リスクは一二％も減る

なぜこのようなことが起こるのでしょうか。

この本では、睡眠、プレゼンス（これはマインドフルネス瞑想を意味している）、運動、創造性、食べること、これら五つの行動[*13]が活性化すると、人間はエネルギーが生まれて意志力が向上する。そして目的に対して覚醒し、この目的を実現する人生が送れるようになるのだというのです。

それでは、すこやかなアサーションの目的について述べてみましょう。人生を楽しむ姿勢Enjoy とSurvival が目的です。これは、アルバート・エリスが提案している精神的健康の目的と一致しています。精神的健康の基準には、代表的なものが一三項目あります。詳しくは、133ページの「表1　REBT　精神的健康の項目定義」を参照してください。

精神的健康

一九八七年、私が四〇歳のときのこと、アメリカからアルバート・エリスが初来日して研修するというときです。研修第一日目、私はエリスが行うカウンセリング・デモンストレーションでクライエントになりました。

*13 **五つの行動（SPACE）**
睡眠Sleep、プレゼンスPresence、運動Activity、創造性Creativity、食べることEatingの頭文字を取って覚えやすくSPACEと名付けている（『目的の力』より）。

さて、その研修を終えた翌朝、第二日目の研修が始まる冒頭でエリスはこう述べました。「私は今病気なのです。このことは最悪な事態ではありません。ちょっとした不便さがあるにすぎないのです」。後になって知ったことは、エリスは持病の二型糖尿病に加えて、椎間板ヘルニアを患っていたということです。幸いにして、研修に参加していた医師が診察して事なきを得ていました。

また、エリスの自伝を読むと、エリスは実に勤勉な日常生活を送っているというのです。朝は早く起き、夜はアルバート・エリス研究所で研修生たちの指導を遅くまでやっていると書かれていました。この背景には、アメリカ東部の聖教徒たちが作ったピューリタニズムに基づいた勤勉的な文化が影響していると考えられます。とにかくエリスは働きものでした。

さて、エリスの健康感はまず、自滅的な思い込みを自己支援の思考に変化させることを提唱しています。さらに、自己実現する行動を提唱しています。自己実現とは、自分がなりたいと思う人間に目標を定め、その目標に向かってて生き抜くことです。エリスがこうした生き方を推奨するには、一九五四年までに学んできた心理学や哲学の知見を総合した成果があります。この成果はREBT、つまり人生哲学感情心理療法として、現在知られています。

エリスの考え方には、人間には、他の動物にない言語やシンボルを生産する能力があるということが根底にあります。人間には、自分自身への自己信号や自分への語りかけであるセルフ・トークがあるという大きな事実を知ったのです。こうした考えに影響を与えたのが一般意味論[*14]の提唱者であるコージブスキー[*15]です。

＊14　一般意味論
general semantics
コージブスキーによる言語の理性的な運用に関する理論。人間の外界認知は確実なものではなく、感情や理性の認識の違いから、事実との乖離が生じることを前提に理性的な言語の使い方を追求する理論。

＊15　アルフレッド・コージブスキー
Korzybski, A.（1879-1950）
ポーランド系アメリカ人。一般意味論の提唱者。

このコージブスキーは、意味論を説明するのに「地図」と「現地」という言葉を使っています。人が使うコミュニケーションの言葉は「地図」であって「現地」ではないというのです。例えば「リンゴ」という言葉を使って相手に働きかけた場合、この地図と現地の関係はどうなるでしょうか。

「リンゴ」という言葉を聞いた人は、リンゴについてのイメージをさまざまに膨らませます。ある人は真っ赤なリンゴを思い浮かべるかもしれません。ところがある人は、青いリンゴを思い浮かべるかもしれません。またある人は黄色のリンゴを思い浮かべるかもしれません。このように、人によってどのようにイメージしたか個々に違うわけです。

人間の生活はこのように、言語という大変便利な道具を使って考えたり、コミュニケーションをするわけではあるけれども、言葉に込められた内包的な意味の側面は、その言葉という記号を使う人それぞれによって異なっているのです。こうしたことを「地図」と「現地」という例え話で説明しています。

特に、臨床心理学の現場に立つカウンセラーやセラピストは、苦悩するクライエントが語る言葉の記号的な意味はもちろんのこと、内包的な意味まで感知する感受性が求められるのです。

エリスは、ギリシャ・ローマのストア派の哲学者の影響も受けています。エピクテートス[*16]やマルクス・アウレリウスです。特にエピクテートスの次のような考えは、エリスのREBT理論形成の基盤になっていると言われています。いわく、「人は外界の出来事に悩むのではない。その出来事をどう受け止めたかという受け取り方の世界により悩むのである」ということです。

*16 **エピクテートス**
古代ギリシアの後期ストア派を代表する哲学者。語録は『語録』『提要』にまとめられている。奴隷の身から後に解放され、貧しい生活の中で人間もの在り方や幸福について思索をめぐらした。ソクラテスを理想とするその思想は、皇帝マルクス・アウレリウスにも引き継がれた。

この考え方に基づくと、苦悩は、自分で消すことができるのです。なぜならば、悩み、苦悩というのは、環境のせいとか、相手の人のせいによって生まれるのではなく、その人自身が生み出している結果であるからなのです。

したがって、精神的健康のためには、その大本の思考、またはセルフ・トークの文章を検討し、それに吟味を加え、健康な文章になっているか、不健康な文章になっているかを吟味し、修正加筆削除をします。それが、自分自身が健康を取り戻すアプローチとなります。

また、エリスはアルフレッド・アドラー[*17]からも影響を受けています。アドラーは認知を中心に心を理解しようとした歴史上最初の人物です。思考・感情・行動は、人間が主体的に使用しているとする立場に立っています。決してこれら思考・感情・行動は処理をしているのではないのです。

例えば、「泣く」「悲しい」という反応があったとします。泣くという、悲しいというその感情、涙を出すという感情は、それを使っているのです。使うということには目的があるのです。涙を流す行動に対して、周囲の人は支援を申し出たり、慰めの言葉をかけてくれるかもしれません。本人にとって、その相手の反応は報酬になるのです。

逆に、「怒り」という感情があったとします。その怒りの感情は、相手を遠ざけるという目的になっています。したがって、怒りを使用することによって、相手を自分のテリトリーから排除することができるのです。

アドラーは「目的に対して人間は思考・感情・行動を活用しているのだ」と説明しています。したがって、健康な目的に対して、相手にも望ましい思考・感情・行動を活用すれば人は健康になるし、逆に、自分にとっても相手にとっても不快な、あるいは危険な使い

＊17 アルフレッド・アドラー
Adler, A.（1870-1937）
精神科医。一九〇二年よりフロイドの研究会に参加していたが、性を重視するフロイド説に対して「力への意志」を人間行動の中心においたために一九一一年に決別。その後、個人心理学を樹立した。長い間フロイドの陰に隠れていたが、最近では、人格論や発達論、心理療法のなかに彼の見解が取り入れられることが多くなって来た。

方をしてしまうと、不健康になってしまうとアドラーは解いています。

こうした一般意味論の影響、哲学の影響、アドラー心理学の影響を通して、一九五五年にエリスが作ったＡＢＣ理論[*18]が周知されています。エリスのこの理論はその後、新たに「ゴール」との相互作用をする理論に変化しています。

すでに述べましたが、この「ゴール」とは価値です。人間が健康に生きるためには、このゴールの価値を検証する必要があります。こうしたものをまとめた価値観を精神的にプライオリティ・ワン（優先順位第一）として位置するのがＡＢＣ理論（図２）の考え方です。

過去に、私は金銅弘枝とともに、精神的健康の基準リストを次のような表にまとめて示しています（表１）。これには一三種類の項目があります。この内容について次の項で少し説明します。こうしたリストを基準にして、自分や他者の精神的健康の度合いを振り返ると参考になるでしょう。

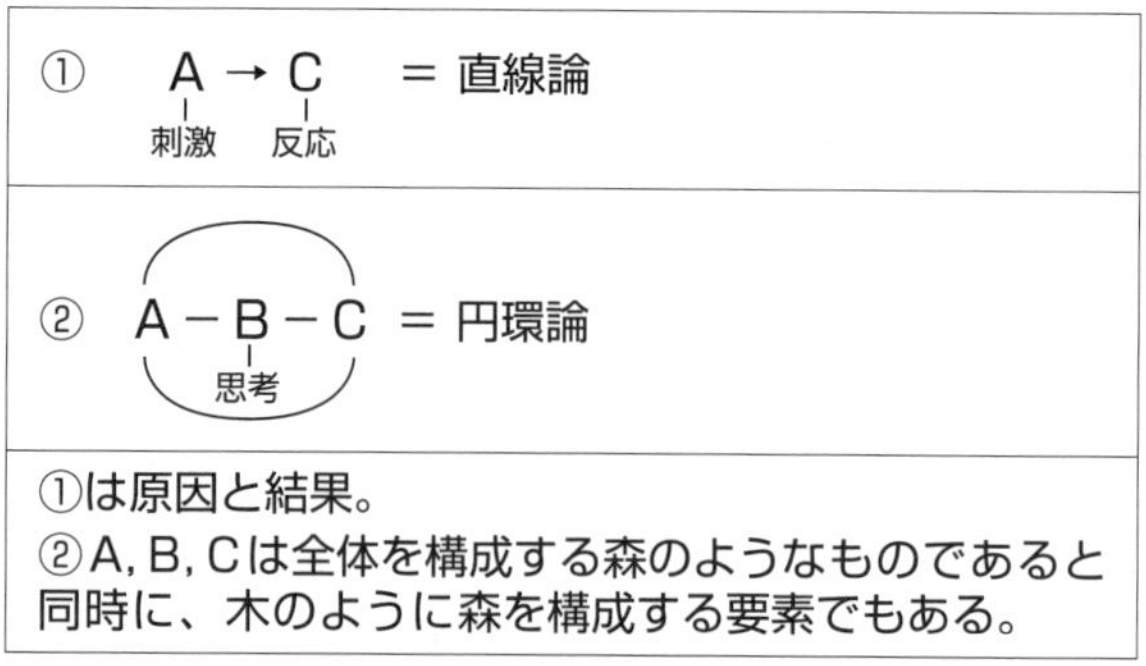

①　A → C　＝直線論
刺激　反応
②　A − B − C　＝円環論
思考
①は原因と結果。
②A, B, Cは全体を構成する森のようなものであると同時に、木のように森を構成する要素でもある。

図２　ABC 理論

＊18　**ＡＢＣ理論**
ＲＥＢＴの基礎理論。さらに応用してＡＢＣＤＥ理論として解説されることもある。Ｃすなわち結果としての人間の感情や行動は、出来事（Ａ）が直接の原因となったわけではない。きっかけとなるＡはビリーフ（Ｂ）である受け取り方の世界を介して、感情や行動という結果の感情・行動（Ｃ）となって現れるのである。さらに、Ｃをアサーティブなものに変えるためには、Ｂのどこが自分を苦しめているのかを見極め、内容について反論することでより現実的な考えに変えることができる。

表1　REBT 精神的健康基準の項目定義

項目	定義
①自己受容	生きていることに喜びを感じ、外的成功や、他人がどう思っているかなどで、自分自身に対する価値づけや評価などはしない。人生を楽しもうとするのである。
②リスクを冒す	危険を冒すことを辞さない。自分がしたいことに挑戦する冒険心を持つ。
③現実感覚	ユートピアはおそらく到達することはできないものであり、欲しいものすべて手に入れたり、すべての苦痛を回避することは非現実的であり、これを受け入れる。全く到達できない目標や全く非現実なものを一生懸命求めて時間を費やすようなことをしない。
④高い欲求・不満耐性	自分自身にしろ、他人にしろ、過ちを犯す権利を認めている。変え得る不快な状態は変え、変えられないことは受容し、この二者の違いがわかるようになる。人生ですべてのものが手に入るわけではなく、イヤな意見をしなくては手に入らぬことも知っている。
⑤惑乱への自己責任	自分の心理的混乱に対して、責任を持つことを認める傾向がある。自分の思考・感情・行動に対しそれ相応の責任をとる。
⑥自己感覚	自分自身に関心を持ち、自分の関心ごとを他者のそれよりわずかながら優先させる。気にかける人に対してはある程度自己犠牲するが、全身全霊でするわけではない。
⑦共同体感覚	人の利益を大事にする人生哲学を持っていると考える。行動は道徳的であり、他人の権利を尊重し、社会の平穏無事を選ぶという意味である。それは、自分が居心地よく安全で幸せに暮らせる世界を創造する助けになるからであり、自分を社会の一員として認めることが重要になる。
⑧自己指向	自分独自の人生に対し責任を負い、自分の問題はほとんど独力で解決できる。自分の能力や幸福のために彼らの援助を要求することはしない。
⑨耐性	人は誤りやすい存在であることを認め、他者を人間として非難しない。
⑩柔軟性	いつも知的に柔軟で、変化に心を開き、周囲に偏見を持たない。
⑪不確かさへの受容	我々の住む世界が不確かで、絶対的に確実ということは、今までも、これからもないという事実を受け入れている。その世界に生きることは、決して恐ろしいことではないと思っている。
⑫コミットメント	没頭する少なくとも1つの創造的興味を持ち合わせている。人は自分以外の何かに心底夢中になっている時、幸せになっていると実感できる。
⑬科学的指向	適度に客観的・論理的・科学的である。この人たちは自他の行動について仮説を立て、検証するために、論理や科学的方法を自分の人生や対人関係にあてはめる。自分の施行に妥当性がないという証拠に直面したとき、自己や他者・世間についての自分の仮説を喜んで改める。

■REBT精神的健康基準の項目定義

①自己受容
自己のありのままの存在を許す勇気を持つこと。
②リスクを冒す
ワンパターンとマンネリ生活を打破して柔軟な生き方を身につけること。
③現実感覚
目標設定したことに対して、目標値があまりにも簡単であれば目標を上方修正する。また、目標が困難な場合は下方修正する。この上方修正、下方修正を目標に合わせて柔軟に変えるというのが現実感覚である。
④高い欲求・不満耐性
自分あるいは他者が、ミス・エラー・失敗をする存在であることを認めること。
⑤惑乱への自己責任
悩み・苦悩は自分が作り出している。したがって、その結果責任は、自分でしか背負えないのである、と自覚することである。
⑥自己感覚
自分を大事にする。例えば人からの助言があったとしても、それに振り回されないで、最終的には自分が腹をくくるのである。
⑦共同体感覚
社会奉仕をするということ。私たちは、人に支えられ支えて生きていくのであるから、お互いに連携し社会生活を送るという意味である。

⑧自己指向
自分を大事にする、お人好しにならないということである。
⑨耐性
我慢をするということ。嫌なことがある社会であったとしても、私たちはユートピアの世界に住んでいるわけではないので、我慢が必要である。
⑩柔軟性
凝り固まった考えを捨て、柔軟な発想を持つという意味である。
⑪不確かさへの受容
私たちは絶対唯一無二の原理原則の社会に住んでいるのではない。確率論的比率論的相対論的世界に住んでいるという意味である。
⑫コミットメント
損得勘定を度外視して、没頭して何かに夢中になる姿勢である。
⑬科学的指向
エビデンスに基づいて考える習慣を身につけるということである。

私の体験を述べます。四〇歳の頃、常々生きづらさを感じていた私はアルバート・エリスに出会い、クライエントとして受けた面接を通して、この一三の項目が、なに一つ達成できていないことに愕然としました。エリスに出会ってからの人生は、この精神的健康基準を達成することを目標に生活してきました。
古希を目の前にして、私は一三の精神的健康基準がすべてとは言わないまでも、七〇%

から八〇％達成できている自分を実感しています。私は、年相応の不健康さはあるにしても、これまで長期の入院をしたことがありません。それはこうした精神的健康基準を一つの目安として、人生を送ってきたからだと考えています。

ところで、アサーションと精神的健康についての研究が村山正治らにより報告[*19]されています。この研究の対象は大学生一一〇名です。研究のために、三つの心理尺度が使われ、データ分析されています。それらは、アサーション尺度、ＳＥＡＳ（自己実現尺度）、九州精神衛生スクリーンテストです。

これらを実施し、統計的に分析したところ、主として次の二点の結果が得られました。

1．健康度の高い人はアサーティブである

2．アサーティブな人ほど自己肯定をしている

こうした研究成果を元にして、精神的健康を振り返ると、アサーティブな日常生活を送っている人は、健康度が向上すると考えられます。

では具体的なアサーティブな日常生活を送るにはどうしたらいいのでしょうか。そこで、アサーション・トレーニングについて提案したいと思います。

私は、アメリカの認知行動療法家であるクリスティーン・Ａ・パデスキーとキャサリーン・Ａ・ムーニーらが作成した認知モデル[*20]をセルフ・アサーション・トレーニング・プログラム作成に役立てています。

この認知モデルの「認知」という言葉は、少し説明が必要かと思います。情報科学でい

*19『健康科学』第11巻
村山正治・山田裕章・峰松修・冷川翔子・田中克江・田村隆一著（九州大学健康科学編集委員会、一九八九年）精神的健康に関する研究　―アサーション尺度作成を中心として―健康科学, 11, p121-128.

*20 認知モデル
cognitive model
「内容特異性仮説」を主張したアーロン・ベック（Beck, T. A.）の弟子であるクリスティーン・パデスキー（Padesky, A. C.）とキャサリン・ムーニー（Mooney, A. K.）らが考案したモデル。『国際認知療法ニュースレター』に発表した「クライエントに認知モデルを示すための臨床面の工夫」（一九九一）を参考とした。

う認知、または医学でいう認知症の認知とは違うのです。ここでいう認知は、図3のようにある五つの要素、すなわち、環境・身体・行動・思考（狭義の認知）・感情、これら五つがすべてシステムとして機能していると考えるわけです。

さて、この図にある「環境」「身体」「行動」「思考」「感情」という五つの要素についてより詳細に述べたいと思います。

「環境」というのは、天候、あるいは自然、あるいは人間の成育歴、あるいは文化、あるいは地理的な状態、これらを全部含んでいます。

「身体」というのは、皮膚の下の出来事です。人間は皮膚を持っています。皮膚の下には骨格があり、筋肉があり、さまざまな神経系統が働いており、さらに血管が走ったり、さまざまな臓器があります。もちろん、脳もその中に含まれます。そうしたものの機能全体を身体というふうに総称しています。したがって、食欲があるかないか、あるいは快適な睡眠が得られているかも「身体」という言葉の中に含まれます。

それと対照的なのが「行動」です。行動は皮膚の上の出来事です。したがって、観察可能です。ある人が何回立ち上がったか、ある人が手を挙げて何か発言したかも行動を観察すればわかるのです。

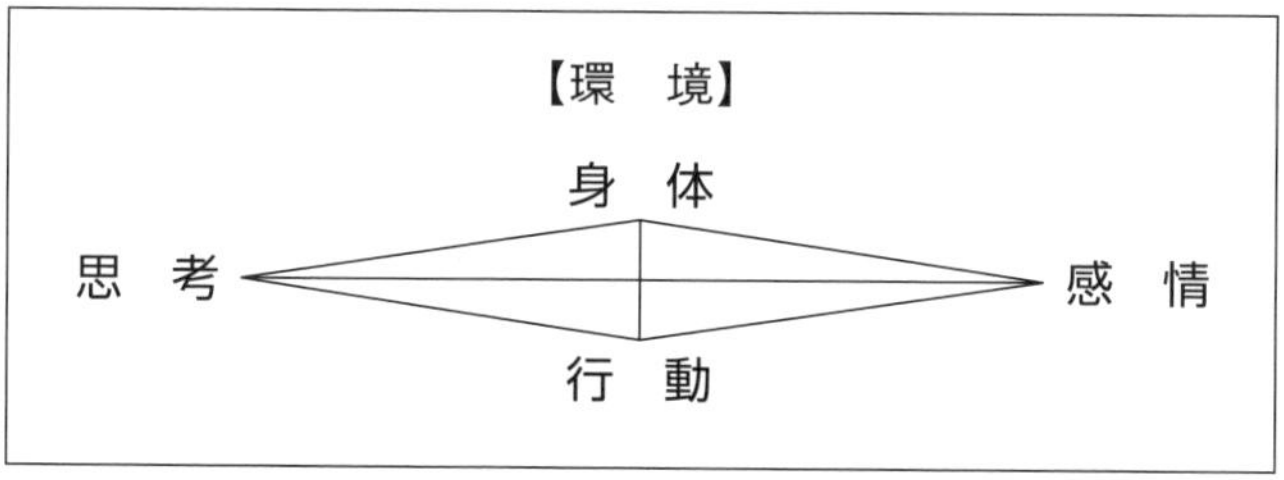

図3　認知モデル

Padesky, A. Christine／Mooney, A. Katherine「クライエントに認知モデルを示すための臨床面の工夫」『国際人治療法ニュースレター』（1991）

ここにある「思考」は、狭義の認知である思考を表し、人間が記憶をつかさどり、言葉で表現したりするいわゆる情報解析全般を示しています。これは観察不可能であるし、ブラックボックスとして例えられる機能です。

「感情」というのは、喜怒哀楽や気分を表す言葉です。

これらがバラバラでなく、相互に影響し合っているのです。

問題は、精神的健康とアサーションにこの認知モデルをどのように活用するかです。アサーションは、すでに述べているように、自他の感情・欲求・基本的人権を必要以上に押さえることなく自己表現する行動です。こうした行動を豊かにするために、これら五つの要素をどのように変えていったらいいのか、変化させていったらいいのか。その査定と介入を工夫して指導案にまとめ、そして必要とあらば、それを自分のためにも、人のためにも使えるようにプログラム化させていく、それがセルフ・アサーション・トレーニングなのです。

私がかつて上梓した『セルフ・アサーション・トレーニング　エクササイズ集』[*21]には、この認知モデルに基づく各種エクササイズを紹介しています。このエクササイズは、アサーティブ行動マトリックス（補遺1参照）を援用してプログラム化して作りました。

このように精神的健康というのは、まずアサーティブ行動をトレーニングすることで達成できるのです。目的を明確にする、すなわち人生にとって価値はいったい何なのか、自分が目指す価値を明確にすること、さらにエリスが提案している精神的健康の一三の基準、これを高めるための実践、認知モデルを参考にしながらアサーティブ行動を実践するエクササイズを活用して行ってみること。このアプローチ全体を私は「すこやかなアサー

*21 **『セルフ・アサーション・トレーニング　エクササイズ集』**菅沼憲治著（東京図書、二〇〇八年）

ション」と呼んでいます。

「すこやかなアサーション」の事例

すこやかなアサーションの事例を紹介しましょう。

これまでもお話ししたように一九九八年から現在まで、私は東京消防庁で消防職員の惨事ストレス対策専門指導員として活動しています。

二〇名の消防職員を対象に、アサーションに関する研修会を開いたときのことです。一人の受講者が次のように発言しました。

「自分は、例えて言うと、瞬間湯沸かし器のような人間です。というのは、上司と仕事で話すとき、怒りの感情を表現するときが多いのです。こうした怒りやすい気質のため、上司との人間関係が険悪になっています。それを、この場を借りて改めようと気づきました」

こうした人間関係をどうにかして改善したいというのが話の主訴でした。

この受講者の話を聞いて、私は一つの例え話をしました。それは、プロサッカー選手として活躍したベッカムやジダンの怒りの感情についての話です。かつてワールドカップの試合中に、ベッカムは対戦相手の選手を蹴り、ファイルに対する報復行為で退場処分になっています。ジダンは対戦相手に頭突きをして、やはりレッドカード、退場処分になっています。

彼らほどのアスリートであっても、怒りの感情に巻き込まれると、フェアプレイを尊重するサッカーでさえも歪めてしまうわけです。こうしたエピソードをその受講者に紹介しました。そして、「怒りはエスカレートし、攻撃に変わってしまうと、レッドカードをもらう結果になるのです」とまとめました。

次に、「あなたの苦悩の原因は、上司が作り出しているわけではないのです。あなた自身の頭の中のつぶやきであるセルフ・トークが原因なのです」と指摘しました。

ここまで話してきた段階で、彼が「気づいたことがある」と言いました。「私は上司に向かうとき、『相手は私を理解すべきである。もしそうでない上司であるあなたは、私にとって悪い人間である』こういうセルフ・トークをいつもいつもしている」と話したのです。

この話を聞いて、私は、セルフ・トークを検証するために、三つの視点で自問自答することを提案しました。

一つめは、先ほどのセルフ・トークの文章は、エビデンスに基づく考え方になっているだろうか。二つめは、論理的に飛躍のない考え方になっていないか。三つめは、そもそも目標と幸福を手に入れる考え方になっているかどうか。

この三つの視点で自問自答することによって、彼は、セルフ・トークの内容の棚卸しをし、さらにそのセルフ・トークの内容に修正加筆削除をして、このように話しました。新たなセルフ・トークの文章です。

「上司は部下である私を理解するにこしたことはない。しかし、理解できなかったとしても悪い人間ではない。なぜならば、人間である以上、人は失敗もするし、誤りもするし、ミスをする。こうしたことが多々あったとしても、ごく自然なことである。こうしたことは残念なことではあるけれども、許すことができる。なぜならば、自分も同じようなことを日常しているからである」

そして、この修正加筆削除をしたときに、怒りの感情はどうなったか彼に尋ねました。すると彼は、「今までマックス一〇点であった怒りの主観的スケールの目盛りが、三点に減少した」と変化を実感していました。

別な事例で見てみましょう。同じ消防職員に対する研修で、ずっと静かにしていた受講者がいました。その彼が突然手を挙げて発言をしたのです。「自分は幼少期の辛い体験がトラウマになり、それが原因で陰の薄い人間になってしまった。リーダーシップも発揮できないし、存在感のない人間になっている。どう自己成長したらいいでしょうか」という発言でした。

そこで私は一つのエピソードをお話ししました。それは、歌手のジュディ・オングが、かつてあるものに書いていた話です。タイトルは「二本目の矢は叩き落としなさい」というものでした。

ふだん病気などしない元気者の彼女が大病をして悩んでいたとき、あるお寺の住職に自分の苦悩を相談したのだそうです。悩みを打ち明けると、住職はこう言いました。

「いいですか、ジュディ・オングさん。あなたの公演が終わった段階で、ファンの一人が大きな花束をあなたに手渡したとします。あなたはそれを家に帰ち帰り、家宝の花瓶に活けようと花瓶を運んでいるとき、手を滑らせて落として割ってしまいました。するとすぐに、一本目の矢が刺さります。それは『しまった』『どうしよう』『怖い』などの気持ちです。

続いて二本目の矢が刺さります。自分が自分に伝える言葉です。『どうしてもっと安い花瓶を取り出さなかったんだろうか』『なぜ慎重に花瓶を運ばなかったんだろうか』『そもそも花束なんか受け取らなければよかった』。これらの言葉は、自分が自分に送っているセリフです。この二本目の矢は、自分が自分に向けて放っているわけですから、自分で払い落とすことができます。自分を必要以上に追い込むことをやめなさい」

この話をすると、その消防職員は黙ってうなずいて「その通りです」と答え、最後には「勇気が湧いてきた」と述べていました。

ここで言えることは、「アサーティブになる」ということは、「感情の問題解決をする」ということに尽きるということです。感情の問題の背景には、「セルフ・トーク」という考え方が影響しているのです。この考え方を、精神的健康の考え方に微調整するという習慣が必要なわけです。これを私は「感情の問題解決」とまとめています。

不健康なビリーフ

ラショナル・ビリーフ[*22]とイラショナル・ビリーフ[*23]は常に私たちの頭の片隅にあります。そしてA（出来事）が起こったとき、私たちは気づかないうちにこの2つのうちのどちらかのB（ビリーフ）を選択しています。その影響でその出来事を査定して、C（感情・行動）を決定しているのです。すなわち、アサーティブに生きていくためには、常に健康的なラショナル・ビリーフが選べるよう、意識してトレーニングしていく必要があります。

では、ここでアサーティブ行動に成るのを妨げるイラショナル・ビリーフのリストを紹

*22 **ラショナル・ビリーフ**
rational belief
自分に痛みを与えない健康的で機能的な思考。つまり必要以上に悪いほうに考えずに、現実的かつ論理的に対応するため、ほどよい幸福や欲求の充足を図ることができる。

*23 **イラショナル・ビリーフ**
irrational belief
非機能的思考であるために不健康になる。必要以上に悪いほうに考えたり、非現実的ともいえる妄想をめぐらせたりすることで、自縄自縛（感情の混乱と行動の機能不全）に陥らせ、自分に痛みを与える。

介しましょう。

①人間はすべての人に愛されるべきである。
②価値ある人間であるためには、いつも物事をきちんとしなければならない。
③過ちを犯した人間はとがめられ、罰せられるのが当然である。
④何事も思い通りにならないとパニックや絶望に陥るのは当然である。
⑤人の不幸は外因で起こり、感情をコントロールしたり失望・敵意に対処することは不可能である。
⑥何か危険なことがおこりそうなときは不安になるのが当然である。
⑦人生の問題には確かな解決策があるはずで、これを見出せないことはよくないことである。
⑧人には依存し甘えるべきである。
⑨過去の人生経験が生涯に影響し、今の自分を規定している。
⑩人生の困難はこれに立ち向かうよりも避けるほうが楽である。

このリストの内容を、ラショナル・ビリーフに変えるための修正ポイントを示します。次のような自問自答によるイラショナル・ビリーフの検討（修正）を、D（Dispute）*24とよびます。これは「論駁（介入）」という意味で、自問自答し、考えている文章がイラ

*24 D
Dispute
論駁（介入）。イラショナル・ビリーフの歪みを見極め反論し、正していくこと。論駁の一般的なやり方として、エリスがすすめていた方法である。「あるにこしたことがない」「あればいいと思う」という考えが「(絶対に) あるべきだ」というような内容にエスカレートしないよう、クライアント自身が、自分で自分のビリーフの非論理性に介入していく。そのほかに感情に介入するイメージ法や行動に介入するアサーション・トレーニングなどもある。

ショナル・ビリーフであれば、自分の力でラショナルに変えていく、ということです。これによって我々は健康的な生き方ができるわけです。

イラショナル・ビリーフを検討し、最終的に健康的な生き方を見出していくことが「自己啓発」、すなわちE（Effectiveness）[*25]なのです。

直線的因果論[*26]のように時系列で流れるA、B、Cだけでなく、D、Eも含めて相互に影響し合っている、というわけです。この円環的因果論[*27]のような発想こそが、論理療法の基礎であり、アサーティブ行動に成るために必要なスキルなのです。

■愛情欲求のイラショナル・ビリーフ

① 人間はすべての人に愛されるべきである。

「すべての人に愛されねばならぬ」という絶対的な要求です。しかし、誰からも愛されなくても、自分で自分を愛することができるし、自分自身も他者を選り好みしているわけですから、お互いさまであると考えられます。

■失敗恐怖のイラショナル・ビリーフ

② 価値ある人間であるためには、いつも物事をきちんとしなければならない。

「すばらしい業績を上げねばならぬ」という絶対的な要求です。しかし、いつもすばらしい業績を上げるなんて実際には不可能です。できないことがあってあたりまえなのです。できるときにはできるように努力すればいいし、できないときがあってもそれは当然そのままでいい、と考えられます。

*25 **E**
Effectiveness
自己啓発。自己啓発により、やる気や自発性が生まれる。Dによって新しくもたらされた行動や感情のことを指す。

*26 **直線的因果論**
linear causality
問題行動を理解する思考法の一つが因果論であり、その総称をいう。これは、例えばいじめ問題には原因があるから、原因解明のために犯人探しをする、という認識に立つ理論である。だが事実は、いじめの犯人を捕まえたところで本質的な問題解決になっていないことが多い。すなわち出来事や事件のメカニズムは、はるかに複雑であるから因果論に代わる発想法が必要なのである。

*27 **円環的因果論**
circular causality
生物界が微生物から霊長類、人類社会にまで円環的な因果律で円のようにつながって成り立つという立場を取る理論。グレゴリー・ベイトソン

■非難のイラショナル・ビリーフ

③ 過ちを犯した人間はとがめられ、罰せられるのが当然である。

「当然罰せられるべきだ」という絶対的な要求です。過ちを犯した人間が罰せられるのは当然ですが、すべて杓子定規にはいきません。犯した罪の重さなど人間の行為そのものは善い悪いといった評価の対象になり得ますが、人間の存在や価値に関しては評価のしようがありません。罪を憎んで人を憎まず、とも考えられます。

■欲求不満のイラショナル・ビリーフ

④ 何事も思い通りにならないとパニックや絶望に陥るのは当然である。

「何もかも思い通りになるべきだ」という絶対的な要求です。そもそも絶望感は、環境や相手のせいで生じるのではありません。自分の考え方の歪みが、絶望感を作っているのです。相手がいる以上、人生には思い通りにならないことがあって当然です。

■憂うつのイラショナル・ビリーフ

⑤ 人の不幸は外因で起こり、感情をコントロールしたり失望・敵意に対処することは不可能である。

「不幸は外因的なもので生じる」という考えは原因結果論です。外部環境が劣悪であっても、個人の力で悩みを乗り越えた人はいくらでもいます。ナチスのアウシュヴィッツ[*28]収容所に収容されて生還したビクトール・フランクル[*29]が、典型的な例でしょう。彼の極限状態で生き抜いた体験はロゴセラピーという臨床心理学に結実しました。

(Bateson, G.) に代表される円環的認識論が前提にある。つまり原因は結果にもなり結果は原因にもなり得るという考えである。これは、例えば非行という問題行動は、親のしつけの失敗が原因で生じたのではなく、親子や夫婦の問題を含めた家族に対する警鐘のサインとして少年が起こした行為として理解する思考法である。

*28 **アウシュヴィッツ**
Auschwitz
ポーランド南部の都市オシヴェンチムのドイツ語名。第二次大戦中、多数のユダヤ人などが虐殺されたナチス・ドイツの強制収容所の一つがここに作られた。

*29 **ビクトール・フランクル**
Frankl, V. E.（1905-1997）
オーストリア生まれの精神科医。フロイドやアドラーに影響を受けたが、意味への意志を強調するロゴセラピーを創始した。収容所では、いつ殺されるか分からない極限状況のなかでも「生きる意味」を考え続け、個人の尊厳と誇り

■ 不安のイラショナル・ビリーフ

⑥　何か危険なことがおこりそうなときは不安になるのが当然である。

「危険に遭遇すると絶対に不安になる」という絶対的な要求です。こういう発想だと、不安に巻き込まれて自分を台無しにしたり、臆病になって思わぬ失敗をしたりすることもあります。「野球はツーアウトから」といわれるのは、後がない絶体絶命のピンチに陥ったときこそ、その不安を乗り越えて選手が底力を発揮することが多いからなのです。ピンチや不安を味方にして、素晴らしい成果を上げることは可能なのです。

■ 責任回避のイラショナル・ビリーフ

⑦　人生の問題には確かな解決策があるはずで、これを見出せないことはよくないことである。

「人生は楽であるべきだ」という絶対的な要求です。いつも楽をしたい、という欲求の表れともいえるでしょう。程度の差こそあれ、山あり・谷ありの波乱万丈の人生がほとんどですから、困難や苦しみは避けられるべきではないのです。適度な苦労があってこそ、人生は味わい深くなりますし、それによって人間としても鍛えられるのです。

■ 受動的な生き方のイラショナル・ビリーフ

⑧　人には依存し甘えるべきである。

「人に依存して生きるべきである」という他人任せでいたい絶対的な要求です。さらにいえば、自分の人生に責任を持たず、赤ちゃんのように甘えたいという赤ちゃん願望です。

を守りながら生き抜いたといわれる。のちに、そのときの経験を尋ねられたとき「それでも人生にイエスという」と答え人間の意志が幸福を作り出すことを我々に伝えた。

自分の人生ですから、自分で責任を背負いながら自律（自立）していかなければなりません。ある程度の責任と労苦にもまれつつ私たちは成長していくのです。

■偏見の生育歴のイラショナル・ビリーフ

⑨　過去の人生経験が生涯に影響し、今の自分を規定している。

「絶対に過去の呪縛から逃れることはできない」という絶対的な要求です。バラク・オバマ大統領は、人種偏見を乗り越えてアメリカ初の黒人大統領として選出されました。過去の経験や出自は、今の自分に影響していますが、決定はしていません。今、ここから先の未来は、考え方一つでいくらでも変えることができます。

氏、育ち、学歴等は人生を決める要因ではありませんから、人生はいつでも修正・変更可能ということです。

■現実逃避のイラショナル・ビリーフ

⑩　人生の困難はこれに立ち向かうよりも避けるほうが楽である。

「人生の問題に明らかな解決策があるべきだ」という絶対的な要求です。人間科学には、確かな解決策と正解は何一つとしてありません。人生の諸問題の解決策や答えが必ずあると信じ、それを求めた結果カルト集団の教祖に洗脳されてしまった人は少なくありません。人生の問題には絶対的な解決策はないからこそ、問題や課題に直面したら毅然として立ち向かうこと、チャレンジすること、それによって起こり得るリスクを負う覚悟も必要なのです。こうした生き方から学ぶことも多いでしょう。

■イラショナル・ビリーフをラショナルビリーフへ

このイラショナルビリーフのリストに関するアンケートを、消防職員二〇名に行いました。そのとき、次のように教示しました。

「このリストを熟読してください。そして頻度高く、持続的に、しかも強烈につぶやく内容の項目に丸印を付けてください」

その結果は、①が0、②が7、③が5、④が1、⑤が0、⑥が11、⑦が0、⑧が3、⑨が9、⑩が2でした（図4）。したがって、上位三つのイラショナル・ビリーフは、⑥不安、⑨偏見の育成歴、②失敗恐怖の順になりました。

さて、この結果から人数の一番多かった⑥の「不安」を例にとり、イラショナル・ビリーフを健康なラショナル・ビリーフに変える試みをしてみましょう。

⑥不安：危険なことが起きそうなときには、不安になるのが当然である。

このイラショナル・ビリーフの結論は、「当然である」というのが問題提起です。私達は不安という感情を「危険」という原因で起こしているわけではありません。エピクテートスが述べたように、危険という原因をどう受け止めたかという、その認知に不安という感情を作り出しているのです。そのときに問題になってくるのがつぶやき、つまりセルフ・トークの中身です。

職場の異動があって、今まで経験したこともないような外回りの営業の配属になった。さて、この新たな営業という業務に対して、どのようなセルフ・トークが起こっているでしょうか。

例えばこのようなセルフ・トークがあったとします。「私は人間関係を築くのがヘタで

イラショナル・ビリーフのリスト

頻度高く、持続的に、しかも強烈につぶやく内容の項目に○印を付けてください。

① 愛情欲求
人間はすべての人に愛されるべきである。
② 失敗恐怖
価値ある人間であるためには、いつも物事をきちんとしなければならない。
③ 他者非難
過ちを犯した人間はとがめられ、罰せられるのが当然である。
④ 耐性の無さ
何事も思い通りにならないとパニックや絶望に陥るのは当然である。
⑤ 憂うつ
人の不幸は外因で起こり、感情をコントロールしたり失望・敵意に対処することは不可能である。
⑥ 不安
何か危険なことがおこりそうなときは不安になるのが当然である。
⑦ 責任の回避
人生の問題には確かな解決策があるはずで、これを見出せないことはよくないことである。
⑧ 受動的な生き方
人には依存し甘えるべきである。
⑨ 偏見の生育歴
過去の人生経験が生涯に影響し、今の自分を規定している。
⑩ 現実逃避傾向
人生の困難はこれに立ち向かうよりも避けるほうが楽である。

①	愛情欲求	0
②	失敗恐怖	7
③	他者非難	5
④	耐性の無さ	1
⑤	憂うつ	0
⑥	不安	11
⑦	責任の回避	0
⑧	受動的な生き方	3
⑨	偏見の生育歴	9
⑩	現実逃避傾向	2

図４　消防職員のアンケートの結果

ある。したがって、お客さんを満足させたり、お客さんに気に入られるようなセールストークはできないに違いない。もしそうだとすると、営業成績がよくない。成績がよくない人間は使えない人間だから、この職場にいられるわけがない。私は解雇されるに違いない」

このような考え方やセルフ・トークが起こると、不安になるのは自然なことです。そこで、このセルフ・トークに対して、先ほどの三つの視点で点検[*30]を加えるわけです。

一つは、今すぐ営業成績が悪くなるような事実、エビデンスはあるのか。あるいは、職場の中で営業成績が悪かった人が即解雇といった事例か事案は過去にあったのだろうか。自分は、お客さんやユーザーに対して働きかけるような資源とか、使える武器とかを本当に何も持っていないのだろうか。こういう事実関係を振り返る必要があるわけです。

二つめは、飛躍のない文章になっているかどうか、論理性があるかどうかです。もちろん突然の異動を命じられて、今までの内勤から外勤に移るわけですから、環境の変化が大きいというのは当たり前です。だからと言って、営業成績が悪いから即解雇というのは、あまりにも飛躍のある考えです。そこで、その文章を論理的な文章に微調整する必要があるわけです。

三つめは、セルフ・トークの内容が、自分が設定した目的、あるいは健康、あるいは幸福感、こういうものを達成するのに役立つような内容になっているかどうかという視点での点検です。おそらく、セルフ・トークは自分を過剰に追いやり、苦痛を与える文章になっているのではないでしょうか。ですから、これらは健康には一切役に立たないというわけです。

＊30 三つの視点で点検を加える

セルフ・トークへの介入は、論駁（Disoute）であり、そのアプローチは三つある。一つめは、セルフ・トークの文章の根拠がデータ、事実、エビデンスとして存在するかと問うこと。二つめは、セルフ・トークの文章は大前提、小前提、さらに結論に帰結する三段論法に即しているか。そして論理的に飛躍のない文章になっているかを問うこと。さらに三つめは、セルフ・トークの文章が幸福を達成する内容であるかを自己点検することである。

こうした三つの視点で自問自答をして、新たなセルフ・トークの内容に変えるのです。例えば、こういう新たな文章が生まれるでしょう。

「人生は七転び八起きである。よって、新しい業務が与えられたからといって、すぐ結果を出す必要はない。試行錯誤しながら七、八割の結果が出るまで努力しよう。これも修行の一端だと思えば苦にはならないはずだ。新しい環境でそういう前向きな努力をしている自分は大したものではないか」

こういうセルフ・トークの文章を使ったとき、不安はどうなるかを検討するわけです。おそらく最初の文章とは比べものにならないほど不安は低下しているはずです。

このように、この代表的なイラショナル・ビリーフのリストに書いてあるようなセルフ・トークは、事実やエビデンスに基づかないか、飛躍がある考えか、そもそも健康、幸福を達成するのに役に立たないセリフになっているわけです。これらは自分で作ったものなのですから、自分で修正加筆削除をして書き改める、これを実施すればよいのです。

不健康なイラショナル・ビリーフを、健康的で幸福なラショナル・ビリーフに変えるには、人の力を利用することもできます。具体的な例を示しましょう。

大学の教員である私は、時々高校に出張授業に行きます。ある高校へ出張授業に行った体験をお話ししましょう。そのときは二年の七名の生徒に九〇分の授業をしました。前半は「アサーションの心理学」という内容で、後半は「アサーションとは何か」「三つの人間関係」「アサーティブなメッセージとは」「講義のまとめ」という四つの観点でお話をしました。

授業の後半では、実習としてアサーションいろはかるた[*31]を使いました。参加したある男子生徒は、四八枚ある読み札の一枚を元にして、自分の体験談を話しました。中学生の頃、親と葛藤があって、親に対してずいぶん反抗的な態度を取ってきたそうですが、現在は、親に対して素直に感謝の気持ちを話せるようになったということです。短い時間の中で、彼がこれほどまでに率直に自分の言葉で語ってくれたことについて、私は驚きを覚えました。

また、ある生徒は、このアサーションいろはかるたを一回で終えようとしたときに、「さらにもう一ラウンドしよう」と提案をしてきました。それは、かるた終了後の分かち合いで、人から褒められたり、自分も人のいいところを見つけて褒めたり、また、それを人に聞いてもらうというのが「とても新鮮だったから」と言いました。

私はそこで生徒たちに対してこのようにコメントをして授業を終わりました。

「人間には人を支援する『支援力』が必要です。心理学はそうした力を養成するのに役に立ちます。一方、自分以外の他者からの支援を感謝して受け止める『受援力』も大切です。こういう感謝の気持ちを育成するのも心理学の目標でもあります」

そろそろ、すこやかなアサーションの目的についてまとめましょう。すこやかなアサーションは、おそらく人間であれば誰も否定しない価値である「健康」を達成するために実践する行動です。そのためには、自分の行動様式である生きざまを自己点検し、そして微調整を加えながら生活を送るという姿勢が必要です。この根底にあるのは、ラショナリティという考え方です。

私は、ラショナリティを「中庸」というふうに理解しています。中庸という言葉の意味

＊31 アサーションいろはかるた　アサーションの意味を四八枚の文章にまとめた読み札と、それを絵にした絵札を使うボードゲームのこと。詳しくは補遺2参照。

は、極端にブレないということです。考えも感情も行動も極端にブレるから不健康になるわけです。それらを調和のあるものに柔軟に変化させようとする、そういう態度、これが必要なわけです。

健康寿命を維持するためには、この章で述べたように、目的を明確にすることが必要です。そして、人生設計を構築しながら実りある人生を送りたいものです。

エクササイズ 8 REBTについて考える

次のカワカマスの話を読んで感想を書いてください。

私はREBTについて説明する際に、いつも次のような例え話をしています。

カワカマスという魚がいます。淡水に生息する肉食性の魚で、ドジョウなどの小魚を食べながら生きています。

ある魚マニアが、大きな水槽を買ってきて、水を入れ、真ん中に透明なガラスの仕切りを入れました。そして片側に金魚を入れ、もう一方にカワカマスを入れました。

一話

水槽のカワカマスと金魚に、それぞれ餌を与え六か月間飼いました。このカワカマスは、金魚に向かって何十回も突進して、そのたびに仕切りにぶつかる、ということを繰り返していました（イラスト1参照）。やがて、カワカマスは、ガラスの仕切りがあって痛い思いをするから、金魚の所へは行くべきではないことを学習しました。

ところがマニアは何を思ったか、その仕切りを取ってしまったのです（イラスト2参照）。この後カワカマスはどんな行動を取ったでしょうか。カワカマスは「ガラスがあるのだ」というセルフ・トークを持ち続けて、自分のスペースから動こうとしませんでした。マンネリカマス、ワンパターンカマスというわけです。

カワカマスは頭のなかで、いまだにガラスの仕切りを引きずっています。すなわち条件づけ（5章参照）の結果です。これを「固定観念」といいます。

人間にもマンネリ人間、ワンパターン人間がいます。「上司にはたてつくべきではない。たてつくと左遷されるか、ひどい目にあうから」と考えているイエスマンがいい例です。上司の顔色を窺いながら物事を行うと、結局、マンネリ生活、ワンパターン生活がずっと続くことになるのです。

イラスト1

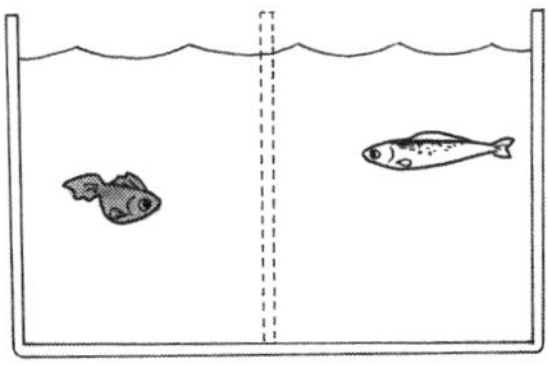
イラスト2

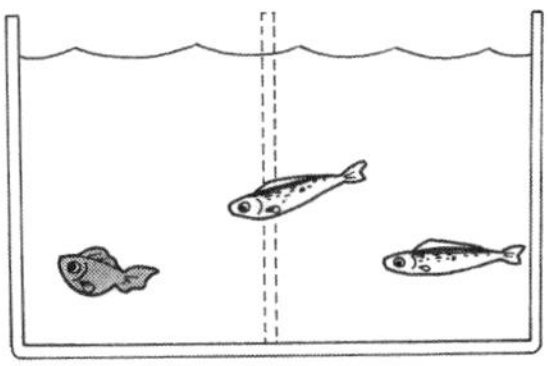
イラスト3

二話

次に、マニアはその水槽に新しいカワカマスを入れました（イラスト3参照）。何も知らない新しいカワカマスは、金魚に向かって泳いでいきます。それを観察して、古いカワカマスはどんな行動を取ったでしょうか。

古いカワカマスは、「気づき」ました。そして「ガラスの仕切りがあって痛い思いをするから、金魚の所へは行くべきではない」という頭のなかのセルフ・トークが、次のように修正されたのです。「金魚の所に泳いで行くことができる。なぜなら、新しいカワカマスが泳いで行ったから」。その結果、古いカワカマスの行動に変化が起こり、新しいカワカマスを模倣し始めました。

三話

古いカワカマスのその後の人生は、どうなったでしょうか。それについてこの作者は、「この話を聞いたみなさんが、それぞれ続きのストーリーを考えてみてください」といって話を終わらせています。

古いカワカマスに起こったこととは、マンネリカマス、ワンパターンカマスが、自由カマスに変わったということです。

実は、人間にも同じことがあるのです。

①カワカマスの話を読んで感想を書いてください。

感想

②他の人と感想を分かち合いましょう。

8 和顔愛語

面《むか》ひて愛語[*1]を聞くは面《おもて》を喜ばしめ心を楽しくする。
面《おも》はずして愛語を聞くは、肝に銘じ魂に銘ず

——道元禅師

＊1 愛語
母親がちょうど赤子を見るような心を思いにし、心にたくわえ言葉に発したもの。

言葉かけの大切さ

私が勤務する聖徳大学では、大学生一人ひとりのキャリア育成のために、「夢実現プロジェクト」という取り組みを行っています。そこで開催されるグループ指導でファシリテーターを務めたときのことです。心理学科三年生のある学生がエントリーシートの添削指導を求めてきました。

彼女の自己紹介欄の「趣味・特技」の項目を見ると、「ディズニーランドでアルバイトをしたとき、後輩たちを指導するリーダーに任命された」という記述がありました。そこで私は、「この体験をもとにして、特技としてアピールできる点を具体的に書くように」とコメントしました。

さらに、「多くのキャストの中から後輩を指導するリーダーになるには、何か特別な個性があるのではないでしょうか。あなたが人にアピールできる個性は何でしょうか」と尋

ねました。すると学生は「私は人と接するとき、笑顔を絶やさないようにしています」と答えたのです。

それを聞いて私は「和顔愛語」という言葉があることを話しました。「和顔」とは微笑を絶やさないこと、「愛語」とは人に対してねぎらいの言葉や褒め言葉を伝えることです。そう説明すると、学生は「私は心理学の中で学んだ大事なことは、人を褒めたり励ましたりする言葉かけであると学び、実践しています。笑顔を絶やさないことに加えて、人を元気づける言葉かけができるようになっていることが私の特技だと、今気づきました」と話しました。

これまでも繰り返し述べたように、近年、心理学の分野でアドラー心理学が話題になっています。その社会的背景は、アドラーが言った「勇気づけ[*2]」という言葉が、現代社会の激しい変化の中を生き抜く現代人の心に響いているのではないかと推論します。

闘争・逃走本能を知る

人間には進化の過程で身につけた本能があります。そのひとつが闘争・逃走本能です。遥か大昔の先祖は、生存するための自分の能力を遥かに超えた敵と遭遇したとき、闘争心を奮い立たせることで戦いを挑むか、または逃げるかを選択して生き延びてきました。

例えば、氷河期の私たちの先祖がマンモスと遭遇したとします。そのとき複数人で構成されたグループであれば、数を頼りに戦いを挑んでマンモスを仕留めることもできたでしょう。しかし、一人で原野を歩いているときにサーベルタイガーと遭遇したら、戦うより

＊2 勇気づけ
アドラーの個人心理学では、勇気は、活動と共同体感覚の二つの要因で成り立つと考える。したがって、他者に関心があり活動的な人は勇気のある人といえる。このように、前向きな初めの一歩が踏み出すための後押しをするのが言葉かけである。

も逃げ隠れすることを選択したかもしれません。このように、私たちは、常に生存競争を生き抜くための手段を選択してきました。

科学が発展した二一世紀の現代には、マンモスもサーベルタイガーもいません。しかし、人類が進化の過程で身につけた闘争・逃走本能は現代人にも受け継がれています。私達は、人生で出会うさまざまな危機に対して、この闘争・逃走本能を作動させ、生活しています。

新型鬱は、この闘争・逃走本能が暴走し、コントロールできなくなった病理としても捉えることができます。現代人が、仮想の敵であるマンモスやサーベルタイガーを妄想し、頑張る精神、諦めない精神、これらに鼓舞され果てのない闘争心を燃やし続けた結果ともいえるのです。

したがって、新型鬱というのは、起こるべきして起こった病理として、私たちは心に留める必要があります。

■脳科学から見る現代人の健康とは

神経生理学[*3]では、中枢神経と自律神経を大別して理解しようとしています。それぞれの特徴を述べてみます。

中枢神経は、人間の意志力で行動を制御するときに機能する神経です。走ったり歩いたり、何かを手で掴んだり、文章を書くといった動作を制御するときに使われます。中枢神経は、私たちの大脳を中心として機能しています。

一方の自律神経は、人間の意志力で行動を抑制できない反応に影響を与えています。例

＊3 **神経生理学**
中枢、神経機能について研究する生理学。

えば、プレゼンテーション中に口ごもったり、発言内容を度忘れしたとします。そのとき、恥ずかしさのあまり赤面したり、冷や汗が出てきたりする反応は、意志力で止めることも制御することもできません。

大雑把にいえば、私たちの日常生活は、この中枢神経と自律神経を駆使して生活しているといえるわけです。

ところが先に述べたような闘争・逃走本能が作動するとき、この二大神経に混乱が生じるわけです。そのことについて、もう少し話を掘り下げていくことにします。

さて、この自律神経は、交感神経と副交感神経から成り立っています。交感神経は、アドレナリンという物質を分泌させて、興奮状態を生み出します。目標に対して結果を出さなければいけないような状況においては、交感神経をフルに働かせて、アドレナリンを分泌させ、適応行動を作り上げているわけです。

この交感神経と拮抗する機能を持つ神経が副交感神経です。

副交感神経は、アセチルコリンという物質を分泌させて、興奮を鎮めます。例えば、何らかの原因で喧嘩が始まりそうな二人がいたとします。このとき、副交感神経よりアセチルコリンの分泌が起こると、二人は冷静になって話し合いを通して問題解決をすることができるわけです。

脳科学の立場からいうと、人間の健康は、自律神経を司る交感神経と副交感神経がバランスを取ることで生まれているといわれています。

しかし、現代人の生きる社会は、急速な高度情報化による社会改革や、少子高齢化による高齢者人口の増加、そして労働者人口の減少などにより、疲弊気味の傾向を示しています。こうした社会環境は、人間の自律神経のバランスに偏りが生じ、特に、交感神経が高ぶり、副交感神経が抑制されがちになります。ここに心と身体の不健康が生まれる一因があると考えられます。

新型鬱、あるいはストレス障害、不安障害、最悪な場合は死に至るような喧嘩といった社会的な病理は、こうした背景に一因があるといえるのです。そこで、副交感神経が活性化する生活を意識的に送る必要があるというわけです。

副交感神経が活性化する行動には、ユーモアが生み出す笑顔や、身体を緊張から弛緩へと解きほぐすリラクゼーション・トレーニングなどが知られています。他にも、本書の主要テーマであるセルフ・アサーションも副交感神経を活性化する役割があります。セルフ・アサーションを選択することにより、自他共に大事にされたと感じるWin-Winの人間関係を作り、お互いに健康な心身をもたらすことができるのです。

しかも、セルフ・アサーションが目指すのは、目先の目標達成ではありません。双方にとって中期的目標と最終目標を掲げて、現在の行動を意識的に調整しつつ、お互いにとって満足する結果に至る選択を意識的にしようとすることです。

したがって、一方の者だけが得をする、一方の者だけが損をするというようなブレた行動はなくなり、調和の取れた行動になるわけです。

先ほど述べたとおり、闘争・逃走本能は、人間の進化がもたらした生存のための必須の武器でした。しかし、逆にこの能力が現代人を不幸にすることも判明しました。そうである以上は、現代社会を生き抜く新たな能力を開発することが望まれます。

セルフ・アサーションを選択するように教育を促すセルフ・アサーション・トレーニン

グは、自律神経のバランスを回復することに有効な選択肢となるのです。

アサーションいろはかるた

最近の学校では、アクティブ・ラーニングに関心が高まっています。教師から学習者へ一方的な講義を行うこれまでの受け身的な授業は、自立性を育てるのに向かないと反省されています。一方で、学習者が能動的に取り組むのが「アクティブ・ラーニング」といわれるものです。

代表的なものには、グループワークや問題解決型の学習、あるいはフィールドワークなどがあります。例えば、ボードゲームを使った教育的意義について、二〇一六年九月二三日の日経新聞夕刊に「盤上に熱中　育つ思考力」と題した記事が掲載されていました。

記事によると、一〇年ほど前までは、ITを駆使したデジタルゲームに押され気味だった、かるたやボードゲームが今見直されているといいます。グループで競技するボードゲームでは、ゲームを進めるために、戦略を練ったり駆け引きしたりするなど、参加者は常に判断や決断を迫られます。その都度、参加者は思考を駆使して課題解決に立ち向かう必要があり、それによって思考力が育成されるというのです。

私は、自分自身の問題に気づき、解決を促すきっかけとして、アクティブラーニングが使えないかと考えました。そうして開発したのが「アサーションいろはかるた」です。「アサーションいろはかるた」を実施すると、どんな場合にでも起こる興味深い現象があります。

アサーションいろはかるたは、初対面の五、六人の参加者で実施します。初対面ですから、始めは全員緊張していますが、ゲームが進むにつれ、参加者から自発的に拍手が生まれます。そのうち、参加者が大きな声を上げたり、誰ともなく笑い声が生まれます。こうして徐々にグループの場の空気が和んでいくのです。

そこに何が起きているのでしょうか。

■アサーションいろはかるたのやり方

アサーションいろはかるたには、絵札が[*4]四八枚あります。絵札はテーブルの上に表向きに並べます。それに対応した読み札四八枚を、よくシャッフルして裏返してテーブルの上に積みます。これで準備は完了です。

参加者は、通常、五、六人のグループで構成します。スタートする人を決めたら、その人がまずサイコロを振ります。サイコロの目が奇数の場合、他の参加者は、サイコロを振った人に対して、褒め言葉やねぎらいの言葉、賞賛の言葉を意識して伝えます。私はこれを「ほめほめシャワー」と呼んでいます。そして最後に、サイコロを振った人自身が、自分に向けて、先ほど他のメンバーが言ってくれたような褒め言葉、あるいはねぎらいの言葉、賞賛の言葉を大声で発表するのです。

サイコロの目が偶数の場合、サイコロを振った人は、テーブルの上に裏返して積まれた読み札から一枚引き、内容を読み上げます。そして、その内容に応じた絵札を探し、読み札の内容にふさわしい自分の体験談を話します。読み札の内容は、「そのとき、そのときベストを尽くすことで、過去は変えられなくても今は変えられる」というようなもので

＊4 **絵札**
本書の補遺2には、かるたの読み札のみを収録しています。私が使用する絵札は、学生四名がパソコンのお絵かきソフトを駆使して描いた楽しいイラストで構成されています。読者のみなさんも、読み札に合ったイラストを自由に描いてみてください。

す。

時によっては、その体験談を語るのに、時間がかかることがあります。そういう場合でも、周囲の人は決して焦らせて発表を促すことはしません。たっぷりと時間を与え、その人の発表を待っているわけです。

こうして参加者は時計回りにゲームを進め、二ラウンドします。ところが、中には二回ともサイコロの目が偶数で、ゲーム中一度も人に褒められなかったという人が出ることがあります。その場合、最後はサイコロを使わずに、サイコロの目が偶数だった人だけに、「ほめほめシャワー」を送ります。そして最後にその当人が自分自身に対して、褒め、ねぎらい、賞賛をします。

したがって、参加メンバーは、全員が、褒められる、ねぎらわれる、賞賛を受けるという体験をすることになります。

実は、このアサーションいろはかるたには、裏側から支えるメンバーが必要です。その役割を行う人のことを「世話人」と呼びます。

このアサーションいろはかるたの世話人は、五、六人のグループあたり一人が自薦他薦を通して選ばれます。世話人はゲームには参加しません。そこで、二回とも偶数目が出て褒められない人のケースと同じように、最後はこの世話人に対しても「ほめほめシャワー」を送ります。そして、当の世話人自身が自分を褒め、ねぎらい、賞賛してゲームは終了します。

■アサーションいろはかるたの効果

前述したとおり、近年、アドラー心理学が注目されています。なぜでしょうか。

アドラーは、我々の生きる社会は、勇気を挫かれるようなことが多い世知辛いものであると見抜いています。こうした不健康な状態にある人が元気になるためには、勇気づけ（エンカレッジメント）が必要だというのが彼の主張です。こうした考えがストレスの多い現代社会で苦悩を感じる人々に見直されているのでしょう。

現代社会では、褒められる、ねぎらわれる、賞賛されるという体験はあまりありません。しかし、アサーションいろはかるたのメンバーは、こうしてグループに身を置くことによって、現実社会では得がたい体験をすることになります。さらに、かるたというゲーム性を楽しむこともできます。サイコロを振り、その出た目の数によって反応をするという意外性もこのゲームにはあります。

また、このゲームはメンバー間に勝ち負けのない結果がもたらされます。加えて、自分の体験談を自己開示する機会でもあるのです。グループに参加する人が初対面であっても、構えず気軽にゲームに参加でき、そして周りの参加者の評価を気にすることもなく、心を開くことができるのです。

さて、読者のみなさんの中には「かるた」と聞いて、「ちはやふる」のような百人一首を思い出された方もいるのではないでしょうか。しかし、この百人一首を取り合う競技かるたと、アサーションいろはかるたは目的が異なります。アサーションを理解する目的で教材として作成された学習かるたなのです。

通常、人間の右脳は直感的にアナログ的に情報を処理する脳だといわれています。逆に左脳は分析、解析、計算をしたり、論理的に物事を理解し、デジタル的な反応を起こすのに有利な脳だといわれています。絵札四八枚と読み札四八枚という組み合わせは、脳科学の立場からいうと、人間の右脳と左脳にバランスよく働いているともいえます。現代社会はとかく左脳に偏りがちです。これをアサーションいろはかるたを通じてととのえ直すという効果も期待できます。

アサーションいろはかるたは、先に述べた副交感神経に働きかけることで、過剰に興奮した交感神経をなだめてコントロールすることに役立つゲーム感覚のかるたであるといえます。参加者が感情を穏やかにととのえ直し、和顔愛語の行動を生み出す体験学習でもあるのです。

先が立ち我が立つ

日本の歴史の中で、共生経済を思想としてまとめた人がいます。今から二五〇年前の江戸時代中期に生きた石田梅岩[*5]です。彼は、士農工商というそれが確立され、身分制度が厳しく守られていた時代に、商人の生活を背後から支える思想を作り出した人でした。その思想は「石門心学[*6]」と呼ばれています。

石田梅岩は、幼少期に、商家に丁稚奉公に出されましたが、無類の読書家で、中国の仏教あるいは朱子学などの書物をよく読んだといわれています。こうした学びからやがて自分独自の思想体系を確立させたのです。これが石門心学という考えです。

さて、この石門心学の中核になる言葉があります。「先が立《た》ち我《われ》が立《た》つ」。この場合の先とはお得意先の「先」であり、取引先の「先」です。たいへん奇妙なことに、商業活動をする商人が、商売の相手が潤うことを優先に考え、自分自身が潤うのはその後でいいと考

＊5 **石田梅岩**
(1685-1744)
江戸時代の思想家。二〇年もの間呉服商に奉公しながら独自の思想を深め、四五歳のとき、京都に講座を開く。当時支配的だった儒教思想のもとでは卑しいとされていた商人の営利活動を肯定するとともに、そのあり方として「倹約」「正直」の大切さを説いた。

＊6 **石門心学**
江戸時代、石田梅岩とその門人によって創始された哲学。梅岩は神道・儒教・仏教を融合した独自の商人哲学を、平易な言葉で説いた。新しさと分かりやすさを備えた梅岩の教えは、手島堵庵ら門人によって敷衍され、全国の町人や武家に広まった。

えたのです。利潤優先の競争経済にあって、共生経済の発想が日本の江戸時代にすでに生まれていたことに驚きを感じざるを得ません。

石田梅岩の石門心学を学んだ商人はやがて近江商人になっていきます。この近江商人たちの商業道徳の理念が「三方《さんぽう》よし」といわれるものです。この場合の「一方《いっぽう》」とは「相手よし」です。つまりユーザーが満足するということです。「二方《にほう》」は「売り手よし」です。もちろん、商人、売り手が儲かる必要があるわけです。特筆すべきは「三方」です。この三方は「世間よし」です。

今でこそ「ＣＳＲ」[*7]という企業の社会的責任が叫ばれていますが、近江商人たちは、Win-Winの関係を商業道徳の理念としていたのです。やがて彼らが営む商店は、現在を代表する商社や企業に発展しています。

対人行動形態[*8]をもとに石田梅岩について考えてみましょう。セルフ・アサーションは、非アサーティブ行動である受け身的行動ないしは攻撃的行動に比較すると、持続可能性のある行動といえます。

というのは、アサーティブな行動を起こすことによって、相手およびその周りの環境が改善され、目的が達成されやすい条件が生まれるからです。したがって、お互いにとって程よい加減で目的が達成され、双方にとって満足をもたらす結果になります。

よく「急がば回れ」という言葉があります。ここで述べてきた「先が立ち我が立つ」というのはこの言葉の心理の表現でもあるといえます。

では改めて石田梅岩の思想から現代人が学ぶことは何でしょうか。西洋文化が生み出したアサーションの理念が登場する前から、東洋文化には自己表現に関する程よいバランス

＊7 **CSR**
Corporate Social Responsibility
企業の社会的責任。持続可能な社会を実現するためには、企業は利益を追求するだけでなく、社会的存在としてあらゆるステークホルダー（利害関係者）の要求に自主的に貢献するべきであるという考え方。

＊8 **対人行動形態**
個人が他の個人に対して取る行動のことを対人行動(interpersontal behavior)という。その形態には、攻撃行動、援助行動、説得行動などさまざまなものがある。

の取れた関係性に対する深い自己洞察があったといえます。

ストレスとアサーション

二〇一六年六月一九日に放映されたＮＨＫの番組「キラーストレス[*9]―ストレスから脳を守れ」は、アサーションを考える際に多くの示唆を与えてくれました。この番組で、ストレスには二種類のものがあると取り上げられていました。「我慢のストレス」と「頑張るストレス」です。

■我慢のストレス

まず「我慢のストレス」についてお話ししましょう。こんなことを想定してみてください。参加するのが気の重い辛い会議に出席しなければならない。または、気の合わない、自分にとって嫌な上司と仕事をしなければならない職場で働く。ストレスは大いにたまります。

こうした場合のストレスの対処方法としては、「気晴らしコーピング[*10]」という対処法が考えられます。まず、日常生活で自分が何気なく行っている自己流のストレス対策をブレーンストーミング形式で自由に思い出し、紙に書いてリストアップしていきます。通常は、誰でも五〇個ぐらいは思い浮かぶといわれています。

人によっては一〇〇個ほどの、思いもよらないような大量のリストができることもあるといいます。こうしてあらかじめリストアップした自己流の項目を状況に合わせて随時実

*9 **キラーストレス**
番組内容は、後日『キラーストレス　心と体をどう守るか』ＮＨＫスペシャル取材班著（ＮＨＫ出版、二〇一六年）にまとめられた。

*10 **コーピング**
Coping
ストレスの原因を取り去ることや、ストレスから起こるさまざまな反応を軽くすることを目的として行う対処のこと。

行に移すのです。

例えば、参加するのが気の重い辛い会議に出席するときには、事前にコーヒーを一杯飲む。気の合わない嫌な上司と仕事をしなければならないときには、事前にお気に入りの一曲を聴いておく、あるいは深い呼吸をする。ため息は禁止、なんて思わず、深呼吸をしていると思ってため息をつくことがあってもいいわけです。

これらを実践することで、打つ手がない、八方ふさがりである、お手上げ状態である、と思い込んでいた視野狭窄のような状態を突破して、「やればできる」という自信につなげることができます。つまり、枯渇していた思想を発想豊かに変えることができる、認知の受け取り方の世界のコーピング能力が育成されるというわけです。

また、脳科学の立場からいうと、前頭葉が活性化され、不健康でネガティブな感情のコントロールが回復することにつながります。例えば、怒り、不安、鬱といった心身に害を及ぼすような感情が程よく調整され、健康な感情へと変化するわけです。

■頑張るストレス

一方、もうひとつのストレス「頑張るストレス」は、次のような例で考えてみるといいでしょう。アスリートが出場する競技大会で優勝を目指して頑張る場合や、受験生が志望する学校を目指して猛勉強する場合です。

この「頑張るストレス」に対する対処法としては、米国マサチューセッツ工科大学のジョン・カバットジン[*11]により開発されたマインドフルネス瞑想法[*12]が有効であるといわれています。

*11 **ジョン・カバットジン**
Kabat-Zin, J.（1944-）
マサチューセッツ大学医学部名誉教授。専門は分子生物学であったが、禅やヨガに関心を持ち、実践する。最も古い瞑想法ともいわれるヴィパッサナー瞑想の経験をきっかけに、マインドフルネス瞑想法を医療や心理療法に導入する着想を得る。

*12 **マインドフルネス瞑想法**
今ここにある瞬間に注意を向け、気づきを得るための瞑想法。

マインドフルネス瞑想法では、日頃はほとんど意識することのない呼吸に注意を意識的に向けることで、自我のとらわれやこだわりから解放します。その代わりに、今まで気づかなかった自己に守られていることに気づくことになります。すると、「頑張らねばならぬ」「頑張るべき」といった心の迷走状態から「今ここ」に集中できるわけです。

いわば呼吸を通して、日頃意識されていない身体感覚に注意が向けられると同時に、気づくことのなかった自己の存在に気づくわけです。これによって心身のバランスが回復するのです。

最近の心理学の研究では、マインドフルネス瞑想法が脳に影響を与えることが徐々にわかってきました。ストレスホルモンであるコルチゾール[*13]の分泌が抑えられるというのです。また、脳の奥深いところにある記憶を司る海馬といわれる部位の一部が増加することも解明しています。それにより、認知症予防をはじめ、さまざまな精神障害の再発予防にも役立つといわれています。

このようにマインドフルネス瞑想法をトレーニングすることが、頑張るストレスへの対処法につながるのです。

さて、現代のストレス社会を生きるには、マインドフルネス瞑想法をトレーニングすると同様に、セルフ・アサーション・トレーニングが有効です。なぜなら、不健康でネガティブ感情である不安や怒り、恐怖、鬱は、セルフ・アサーション・トレーニングという選択肢を選ぶことによって、過激にブレたネガティブな感情を程よい感情へとととのえ直すアプローチでもあるからです。

＊13　コルチゾール
副腎皮質で生産されるホルモンの一つ。低血糖やストレスに反応して分泌される。生命維持に必要な物質であるが、過剰に分泌されると免疫機能の低下などさまざまな悪影響を及ぼす。

エクササイズ 9 人生の棚卸し

自分の人生を棚卸しするつもりで、意識して自分を褒めることがテーマです。

職場または学校、家庭など、自分が所属しているグループで、うまくやれていて自分で自分を褒めたい（自慢したい）ことを次ページの図のプラス（＋）の空欄に埋めて、完成させましょう。例えば、「遅刻をしない」「期日を守る」「電話の応対がうまい」など、どんな小さなことでもかまいません。次に半円の下部を使い、同じように現在までの人生で、うまくやれたこと（例：勉強、運動、恋愛、試験、遊び etc.）や、気に入っている自分（例：おしゃれ、流行に敏感、友だちが多い、貯金がたくさんある etc.）について書き込んでみましょう。どんな小さなことでもかまいませんし、学校や職場でのできごとを含めてもかまいません。

自己洞察

人生の棚卸し

職場・学校・家庭など

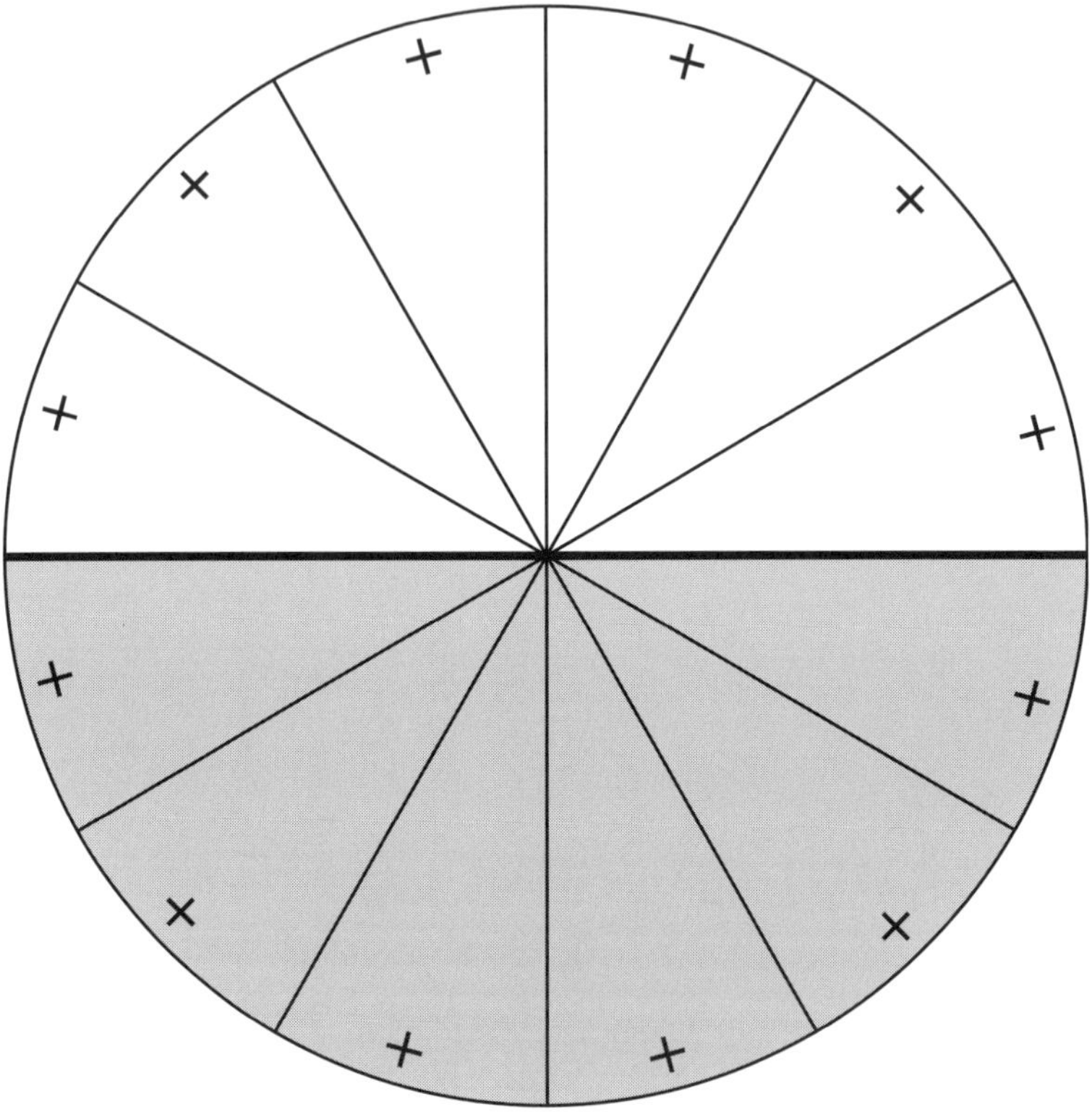

今までの人生

補遺

- SCATで測るアサーティブ行動傾向
- アサーションいろはかるた
- セルフ・アサーション・ファシリテーターに成る
- アサーティブ行動トレーニングに関する倫理綱領

補遺 1 SCATで測るアサーティブ行動傾向

平均値のないアサーティブ行動

私は、実に気の小さい男で、講堂で話すときなど心臓をバクバクさせています。話しべタだし、非社交的な部分をたくさん引きずっています。だからこそ、アサーティブ行動についてみなさんと一緒に学びたいのです。

そこで、まず自分自身のアサーティブ行動傾向（個人内差異[*1]）をデータで知るために、「SCAT」[*2]というツールを使った、絵画社会状況法[*3]のエクササイズを行います。これは、行動の文脈が示されている、絵画刺激課題に回答するエクササイズです。課題には、三コマのマンガを使います。

実は、マンガを使ったエクササイズには、さまざまな利点があります。デジタルとアナログの腕時計を思い浮かべてください。デジタルの腕時計は、数字で時間が表示される仕組みです。一方、アナログのほうは、針の指し示す位置を視覚で確認して時間を読み取る仕

＊1 **個人内差異**
intra-individual difference
さまざまな能力に関して、同一個人内にレベルの差異が存在すること。

＊2 **SCAT**
Suganuma Comicstrip Assertion Testの略。
著者と橋口英俊・西村純一らが共同研究を開始し、後に山田寛が加わり開発した、自己

組みです。マンガには文字と絵が使われています。ですから、このエクササイズによって、文字的なデジタル情報と視覚で確認するアナログ情報の両方が使え右脳も左脳も活用できる、というわけです。

課題の四コマ目はブランクになっています。回答者は、三つの選択肢からイメージを活用して自分の行動を選ぶのです。ここでは二〇項目の課題に回答します。

このエクササイズは、自分のアサーティブ行動に関する強みの領域や、今後の学習課題を発見するために行うものです。個人間差異[*4]、すなわち他人と自分との違いや、自分はアサーティブであるかどうかを他人と比較するために行うものではありません。個人内差異（自分のなかの得意分野と積み残し）を知り、その課題を確認し、アサーティブ行動を身につけることが目的です。そのための自己分析資料として、自分の成長のための指導案ができればいいわけです。

そもそもアサーティブ行動に、平均値はありません。平均と比較して、高いか低いかを比べる必要はないのです。私としては、こういうところがアサーティブの魅力的なところだとも思います。アサーティブ行動は、いつでもどこでもゼロ地点からのスタートです。過去の栄光を笠に着てスタートできる人は、まずいません。

SCATの実施のし方

では、次の三コママンガの例を見てください。

一コマ目で、教師が「試験をする」といいます。すると、主人公は「しまった、ノート

診断ができるアサーション・テスト。二〇種類の三コママンガで構成されており、四段階評定で行う。主人公が女性の課題と男性の課題の二種離がある。

＊3　**絵画社会状況法**
著者が一九八五年から九四年にかけて行ったアサーティブ行動の因子構造を検討する方法。従来の文章記述の質問紙の代わりに、絵画社会状況を質問項目とした新たな質問紙（SCAT）を作成、男女大学生に実施した。本来の絵画社会状況では、七一種類の対人的コミュニケーション状況が用いられていた。

＊4　**個人間差異**
interindividual difference
特定の能力に関して個人と個人を比較するレベルに差異が存在することをいう。

をとっていない」と葛藤状況に陥ってしまいます。

そういうとき、「人に頼めばいい」とひらめき、その通り実行できる人がいます。つまり、頭を下げて人に頼み込むことができるタイプです。

ところが、世の中はこのような人ばかりではありません。気位が高い人もいるのです。「頭を下げて頼むなんていやだ」「弱みを見せるなんてとんでもない」……。あるいは「人に頼むのは恥ずかしい」「断られたらどうしよう」と反応はさまざまです。

以下、三コママンガによる課題を用意しました。ブランクになっている四コマ目の状況に身を置いたとき、自分がどういう行動を取るかを課題ごとにa～cから一つ選びます。

そして200ページのSCATの記入と集計のし方についてよく読み、そのページにある記入表に選んだ記号を記入してください。誰にも相談せず、スピーディに回答すること。読み

例

ノートを借りたい時私は

a. 気軽にお願いをする

b. 弱みを見せることになるため
お願いをしない

c. 自暴自棄になり投げ出してしまう

ふけったり、考え込んだりしてしまうと、何時間あっても足りません。記入し終わったら記号の数を計算し201ページの集計表へそれぞれ転記します。

その集計表を見ると、今現在のあなたの課題ごとの行動傾向が分かります。この集計表をもとに、棒グラフ（201ページ）・行動様式グラフ（202ページ）を完成させてみましょう。なお、主人公が女性の課題は178ページ、主人公が男性の課題は189ページに掲載しました。どちらか感情移入しやすい方で課題1〜20を実施してみてください。

エクササイズ10 SCATの実施

静かな環境で一人になり、SCATを実施してみましょう。SCATを実施する前に、日常生活で主観的にアサーティブ行動、受け身的行動、攻撃的行動のどれが多いかを振り返り、「自己洞察」欄にメモしておくとよいでしょう。

自己洞察

演習用SCAT（主人公が女性の課題）

人物紹介

白鳥さん● テニスの上手な太陽さんの友人

こちらは主人公が女性の課題です。主人公が男性の課題は189ページにあります。どちらか感情移入しやすいほうで演習を実施してください。

課題　1

講演会で演者が誤ったことを発言した時私は

a. 演者に問いただす

b. 質問するのを遠慮する

c. 演者を非難する

課題　2

他者とつき合う時私は

a. 人を傷つけるのを怖れるあまり、かかわるのを避ける

b. 人の感情にかまうことなくきつい口調で話す

c. 人の感情を傷つけないように配慮する

課題　3

悪いサービスを受けた時
私は

a. 激怒して謝罪を求める

b. サービスの改善を訴える

c. そのまま泣き寝入りをしてしまう

課題　4

他者に助けを求めたい時
私は

a. 気軽にお願いをする

b. 弱みを見せることになるためお願いをしない

c. 自暴自棄になり投げ出してしまう

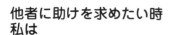

課題　5

政府の政策に不満があり反対をしたい時私は

a. 政治家を非難するより行政を変える行動を自分で起こす

b. お上の仕事と諦め無気力になる

c. 政治家をあらゆるメディアを動員して非難する

課題　6

人をほめたいと思った時私は

a. 人の評価を気にしてほめない

b. かえって皮肉をいってしまう

c. 素直にほめることができる

課題　7

給料が不当に低い場合私は

a. 怒りを爆発させ雇い主に不当さを口汚く罵る

b. 仕事に見合う適切な給料を支払うよう交渉する

c. 不満な気持ちを抱えたまま働き続ける

課題　8

気分が落ち込みそうな時私は

a. 落ち込んだ気持ちをふっきるための行動をする

b. クヨクヨと考え続け何も行動しない

c. アルコールを大量に飲み続ける

課題　9

多少事を荒立てかねない状況の時私は

a. いうべきことはきちんという

b. あとで面倒なことになるのが怖いので、いうべきことを避ける

c. あたりかまわず暴言を吐く

課題　10

自分に頼りなさを感じた時私は

a. 無能さを責め自己嫌悪になる

b. 周囲の人に八つ当たりや責任転嫁をする

c. 自分のよさを認め立ち直る

課題　11

金銭を請求する正当な理由があった時私は

a. 声高に迫り謝罪させたうえで金銭を請求する

b. 当然のこととして金銭を請求する

c. お金に細かいと見られたくないので何もいわない

課題　12

特定な人に好意を持った時私は

a. 自分の気持ちを素直に伝える

b. 相手に拒否されると怖いので自分の気持ちを抑圧する

c. わがまま一杯にふるまう

課題 13

相手の話の意味が理解できない時私は

a. 分かるまで質問する

b. 自分の能力が不足しているからそのままにする

c. 説明が下手であると非難する

課題 14

夫（妻）や恋人が別の人に関心を向けた時私は

a. 自信をなくし落ち込む

b. 相手より優位に立つために激しく争う

c. 相手と張り合おうとせずに、その事実を受け入れる

課題　15

自分に関する悪い噂をいいふらしている人物のことが耳に入った時私は

a. 懲らしめるために喧嘩をする

b. ちゅうちょせずに相手と対決する

c. 穏便に事を済ませたいのでそのままにする

課題　16

何かで成功した時私は

a. ちゅうちょなく人に成功したことを話す

b. 自慢するようになりそうなので成功を隠して話さない

c. 自分の失敗談を話し成功話を笑い飛ばしてしまう

課題　17

他の人がいいアイデアを出したりいい仕事をした時私は

a. 素直にほめることができる

b. 照れくさいので何もいわない

c. 嫉妬心でケチをつける

課題　18

人に相談をしたくなった時私は

a. 本音を話す友だちはいない

b. 自暴自棄になり暴れたりする

c. 何でも話せる友だちがいる

課題　19

劇場、講演会、コンサート中に騒いでいる人がいた時私は

a. 大声を張り上げて怒鳴る

b. 直接相手に注意する

c. 不満を抱えたまま見て見ぬふりをする

課題　20

私の日程とある人が全く合わない時私は

a. その人を当てにしないで他の人たちと必要な日程交渉をする

b. 相手に罪悪感を抱き自分を責める

c. 相手に激怒し非難する

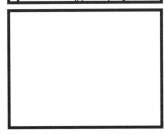

演習用SCAT（主人公が男性の課題）

人物紹介

こちらは主人公が男性の課題です。主人公が女性の課題は178ページにあります。
どちらか感情移入しやすいほうで演習を実施してください。

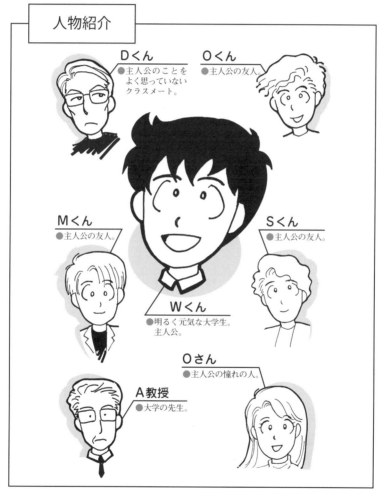

課題　1

映画館で騒いでいる人がいたとき、私は……

a　直接相手に「静かに映画を観たいので話をやめてください」という

b　何もできない

c　大声で注意する

課題　2

自分の過ちを指摘されたとき、私は……

a　相手にいわれるがままになる

b「つまずく方が悪い」といい返す

c　すぐに謝る

課題　3

借家やアパートでどこか故障が起きたとき、私は……

a　大家に怒鳴り込んで苦情をいう

b　大家に事情を伝え、修繕を求める

c　黙って我慢する

課題　4

お金持ちや高学歴者や有名人のなかで、私は……

a　社交の場を活かして会話を楽しむ

b　おとなしく目立たないようにしている

c　見栄をはる

課題　5

隣の犬が一晩中ほえ続けて眠れなかった翌朝、

私は……

a　安眠できるように飼い主に相談する

b　何もいえないで我慢する

c　飼い主を非難しに行く

課題　6

間違いを犯したことに気づいたとき、私は……

a　いわれるがままに黙って聞いている

b　開き直って相手を非難する

c　素直に謝る

課題　7

友人が私との約束を破ったとき、私は……

a　不快な気持ちを相手にぶつける

b　相手に事情を聞き、自分の気持ちを伝える

c　その話題を避け、平静を装う

課題　8

初対面の人々のなかで、私は……

a　話したり、一緒に過ごしたりして場を楽しむ

b　黙ったまま何もいえず、我慢して過ごす

c　いつも以上にはしゃぎすぎたり、見栄をはったり、なれなれしくしたりする

課題　9

金銭を請求する正当な理由があったとき、私は……

a　相手と話し合いのうえ、クリーニング代を請求する

b　相手に向かって何もいえない

c　相手に向かってクリーニング代を請求する

課題　10

誰かが私を批判したとき、私は……

a　何もいえずに落ち込む

b　すかさず相手にいい返す

c　相手の話を素直に聞き、自分のいいたいことを伝える

課題　11

レストランで出された食事が注文した通りでなかったとき、私は……

a　店員に怒鳴って文句をいう

b　店員に間違いをきちんと伝える

c　黙って我慢して食べる

課題　12

親しくなりたい人がいたとき、私は……

a　自分から積極的に話しかけ、気持ちを素直に伝える

b　話しかけるのをあきらめ、引き下がる

c　相手の都合を考えず、強引に話しかける

課題　13

講演会で講師が誤ったことを発言したとき、私は……

a　誤りの部分を質問し、講師の意見を聞く

b. 誤りに気づきながらも質問できない

c. 誤った講師を非難する

課題　14

夫（妻）や恋人など、思いを寄せている人が別の人に関心を向けたとき、私は……

a　自信をなくし落ち込む

b　相手を責める

c　事実を受け入れようとする

課題　15

相手が理不尽な要求をして来たとき、私は……

a「うるさい！」と怒鳴り、相手を追い返す

b　自分のいい分を伝え、きっぱりと断る

c　断りきれずに、いわれるままにしてしまう

課題　16

ある人にたいへん好意をもったとき、私は……

a　気持ちを率直に伝える

b　気持ちを伝えないで黙っている

c　強引にアプローチする

課題　17

多少、ことを荒立てかねない状況のときも私は……

a　もう少し議論したい気持ちを伝える

b　気持ちを抑えて、何もいわない

c　自分の意見を強引に押しとおす

課題　18

他者とつき合うとき、私は……

a　何もいえなくなってしまって、その場にいる

b　「早く終われよ」とプレッシャーをかける

c　他者の気持ちを受けとめ、励ます

課題　19

自分に関する悪いうわさをいいふらしている人物のことが耳に入ったとき、私は……

a　問いただして責める

b　事実を確かめてから話し合う

c　呼び止めてはみたが、話題に触れられずにいる

課題　20

気分が落ち込みそうなとき、私は……

a　落ち込むのをふっきるための行動をとる

b　何もできずにいる

c　周りの環境や人のせいにする

SCATの記入と集計のし方

記入表の回答欄にSCATで選択した記号を記入します。そして、下記の表Ａを参考に各グループ（C・A・R・D）ごとにa.b.cがそれぞれいくつあるか計算し、集計表へ記入してください。

記入表

グループ	C	A	R	D
課題番号	1	2	3	4
回答欄				
課題番号	5	6	7	8
回答欄				
課題番号	9	10	11	12
回答欄				
課題番号	13	14	15	16
回答欄				
課題番号	17	18	19	20
回答欄				

表Ａ

Cグループ（課題番号 1, 5, 9, 13, 17）：このグループは、回答aはアサーティブ行動、bは受け身的行動、cは攻撃的行動を意味している。
Aグループ（課題番号 2, 6, 10, 14, 18）：このグループは、回答aは受け身的行動、bは攻撃的行動、cはアサーティブ行動を意味している。
Rグループ（課題番号 3, 7, 11, 15, 19）：このグループは、回答aは攻撃的行動、bはアサーティブ行動、cは受け身的行動を意味している。
Dグループ（課題番号 4, 8, 12, 16, 20）：このグループは、回答aはアサーティブ行動、bは受け身的行動、cは攻撃的行動を意味している。

集計表

要素／行動様式	C	A	R	D	合計（個）
受け身的行動	bの個数　個	aの個数　個	cの個数　個	bの個数　個	
アサーティブ行動	aの個数　個	cの個数　個	bの個数　個	aの個数　個	
攻撃的行動	cの個数　個	bの個数　個	aの個数　個	cの個数　個	

＊次は、見本を参考に集計表の合計個数を棒グラフにしてみましょう。

見本

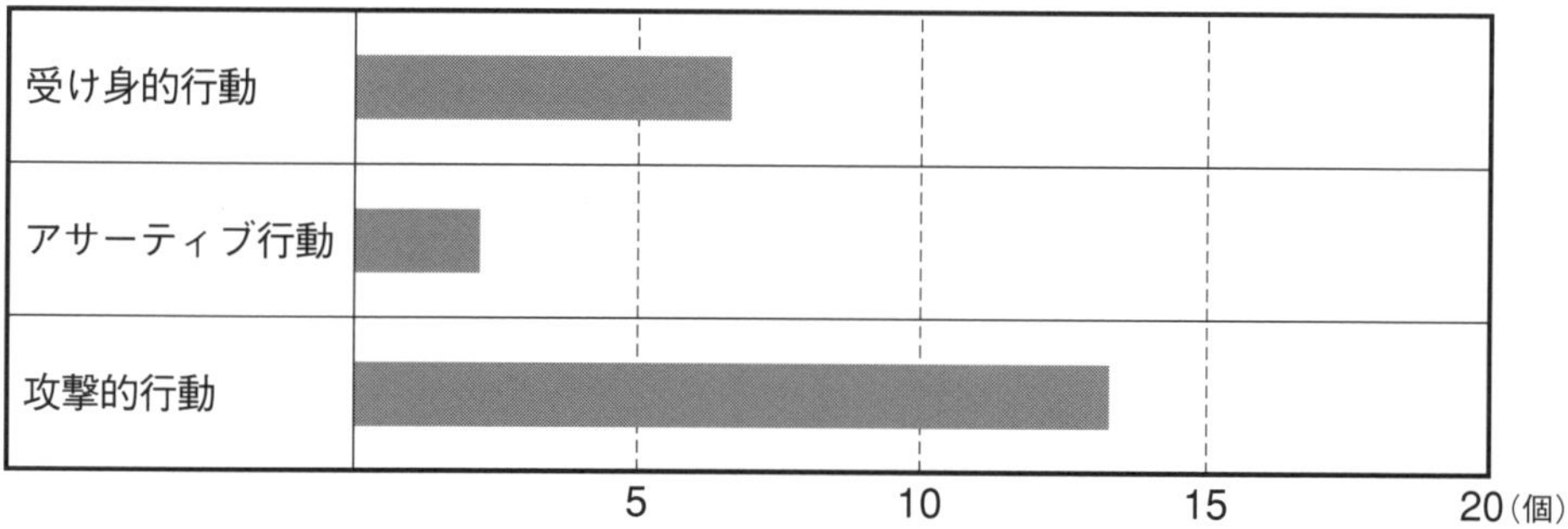

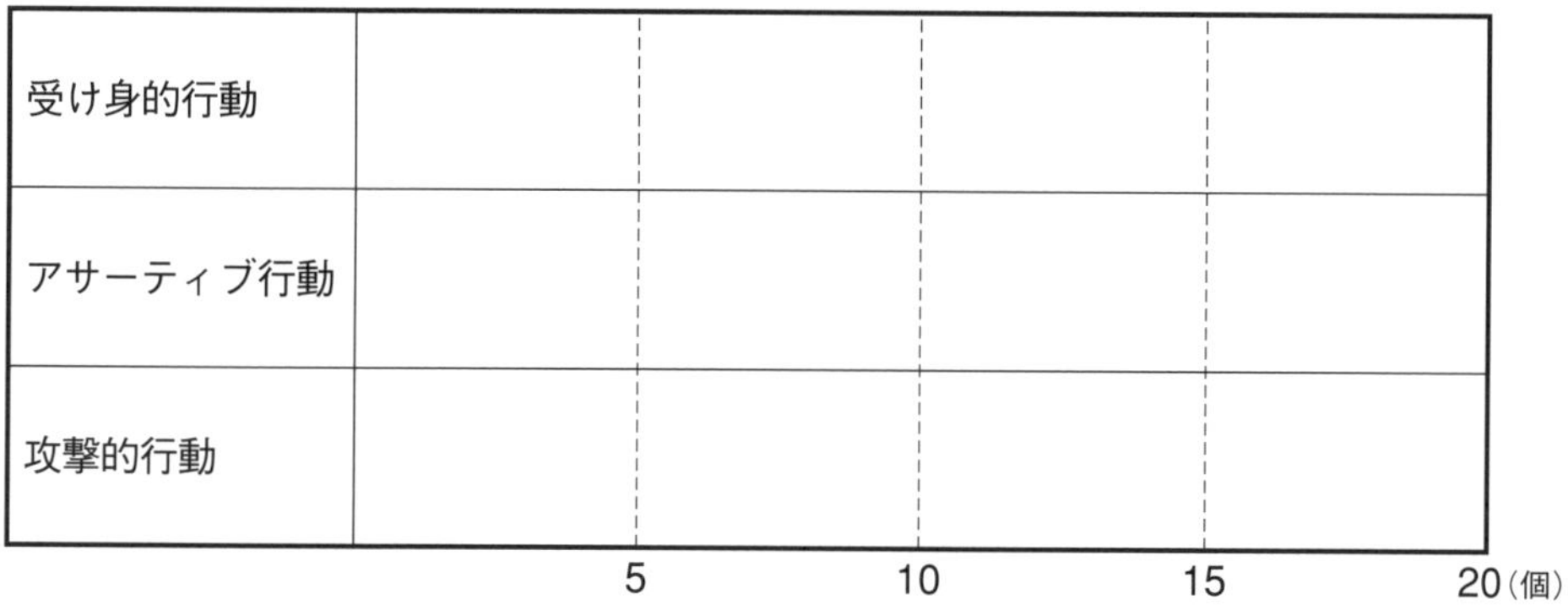

＊棒グラフで、自分の行動傾向が受け身的かアサーティブか攻撃的か確認してみましょう。ただ、これはあくまでも「今現在の自分」の傾向です。したがって結果は状況によって変化します。

行動様式グラフ

まず、前ページの集計表の合計個数を、グループ（C、A、R、D）ごとに円グラフへ転記してください。そして自分の行動を項目によってアサーティブ・受け身的・攻撃的の３つに分類した場合、どういう傾向にあるかを知りましょう。

見本

A 受容性

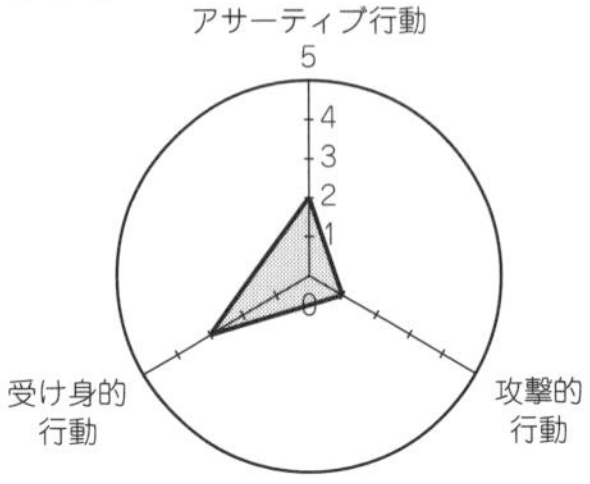

読み取り方

グラフでどの行動の個数が多いか、あるいは少ないのかを視覚で判断してください。多いものほどその傾向が強く、少なければその逆であることが分かります。どれも同じくらいの個数であれば、その項目に関しては平均的な行動を取る傾向がある、ということです。見本ではAの項目（受容性）に関しては、攻撃的でもアサーティブでもなく、どちらかというと受け身的であることが分かります。このようにして、項目ごとに自分が現在どのような傾向にあるかを把握します。

C 対人的葛藤への対処行動

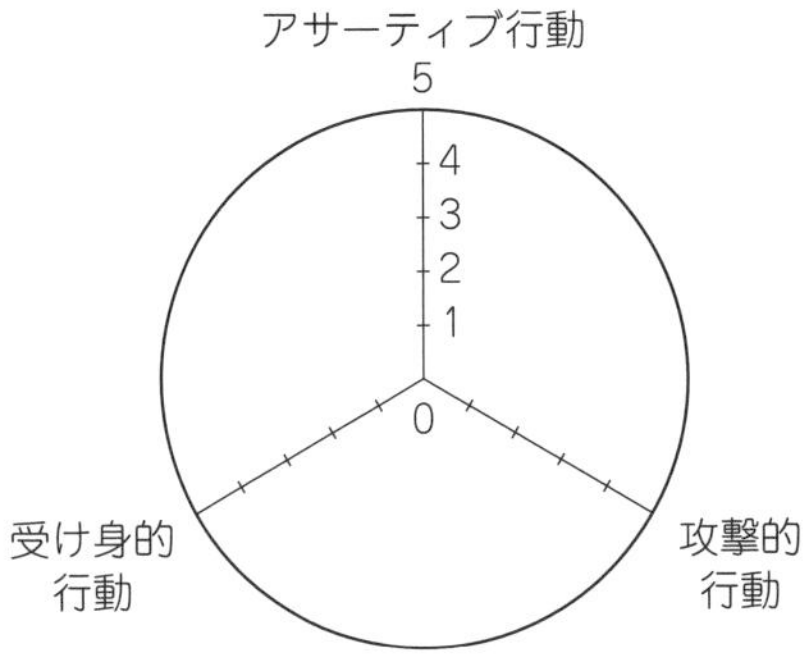

A 受容性

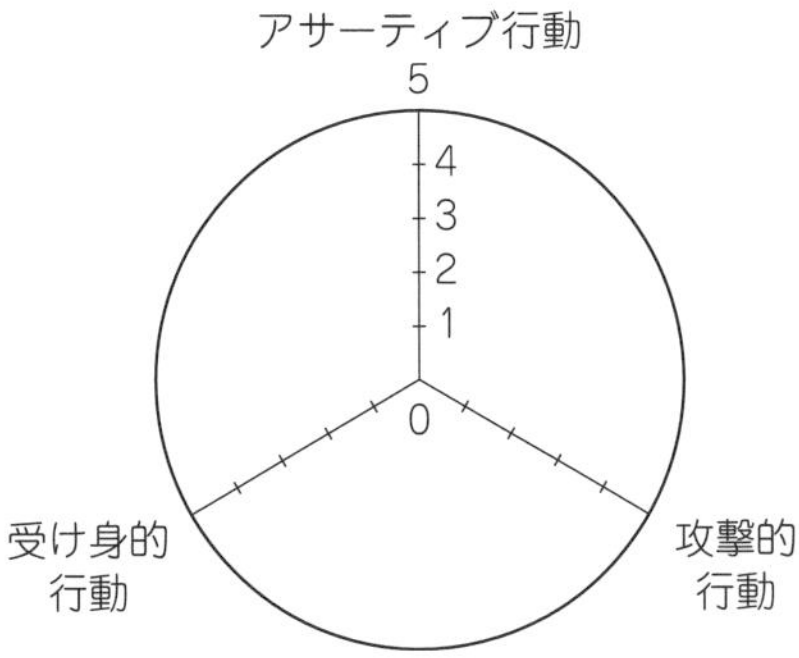

R 権利主張

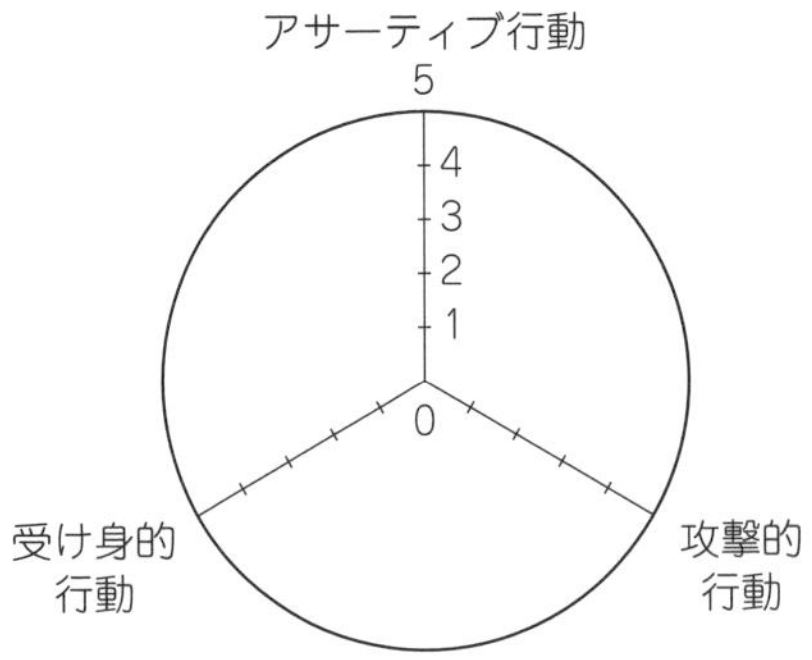

D 自己開示

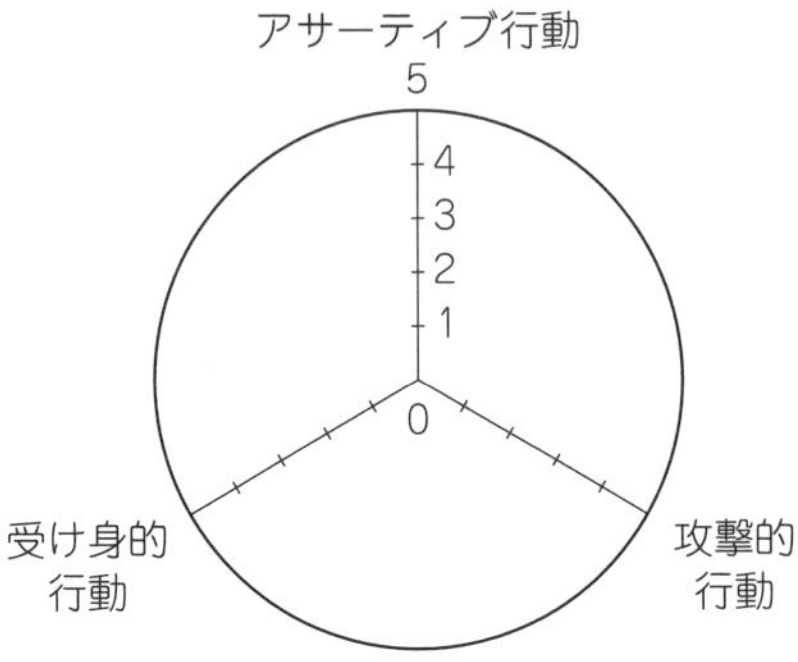

＊このグラフは心理尺度としての活用は不可である。エクササイズの一環として自己の気づきの資料として活用されたい。

アサーティブ行動マトリックスの解説

完成させた行動様式グラフを見て、自分の行動傾向を分析してみましょう。三角形の頂点が高いほど、その行動の多さを表しています。ただし先ほども述べたように、結果に優劣はありません。目的は、アサーティブ行動を獲得し身につけることですから。

分析が終わったら、その結果をもとに204ページのアサーティブ行動マトリックス[*5]を使って、アサーティブに成るための課題探しをします。アサーティブ行動マトリックスとは、理想的なアサーティブ行動を図式化したものです。SCATの結果から気づいたアサーティブ行動に成るためのあなた自身の課題、つまり今自分が一番優先させたい行動や課題にしたい行動の項目にマークをつけておくのです。

では、この表について解説しておきましょう。

まず、私たちが非アサーティブ状況に陥るさまざまな社会状況を、対自的・対他的・対集団的・対家族内の四つの対人的コミュニケーション場面（状況）に特化してとらえてあります。一方、アサーティブ行動に成るための基本的な対人的コミュニケーションの課題は、対人的葛藤への対処行動[*6]（Coping skill interpersonal conflict）、受容性[*7]（Acceptance）、権利主張[*8]（Right of assertion）、自己開示[*9]（self Disclosure）の四因子（要素）で構成されています。その頭文字をとってC、A、R、Dと示してあります。「CARD（カード）」と覚えてください。

では、C~Dの各四因子（要素）、及びマトリックス上の一六個の各セルについて説明していきます。あなた自身がアサーティブ行動に成るための参考にしてください。なお個

＊5 アサーティブ行動マトリックス
assertive behavior matrix
絵画社会状況法で用いた二〇項目の三コママンガを、因子分析で解析した結果と四つの対人的コミュニケーション場面に関連させた行列表のこと。つまり「対自的コミュニケーション」「対他的コミュニケーション」「対集団的コミュニケーション」「対家族内コミュニケーション」の四つの場面と四因子「対人的葛藤への対処行動」「受容性」「権利主張」「自己開示」との関連を示した基礎となる表である。

＊6 対人的葛藤への対処行動
Coping skill to interpersonal conflict
アサーティブにふるまう場合、その結果に対する保証はないから多少の危険がつきまとうことになるが、それにもかかわらず勇気を出して、自分の権利のために自己表現する行為。

アサーティブ行動マトリックス

因子（要素）／対人的コミュニケーション場面	C 対人的葛藤への対処行動	A 受容性	R 権利主張	D 自己開示
対自的コミュニケーション	C1 自己洞察 自分に気づく	A1 自己受容 自分をありのままに受け入れる	R1 自己決定 何事も自分で決定できる	D1 自己信頼 自分を信じることができる
対他的コミュニケーション	C2 対人的感受性 人を感じる力がある	A2 他者受容 相手をありのままに受け入れる	R2 他者尊重 相手にも自分と同様の権利があることを認める	D2 感情表出 感じたまま抑圧せずに表現できる
対集団的コミュニケーション	C3 リーダーシップ 影響力がある	A3 純粋性 いうことと行うことが一致している	R3 共同体感覚 公共心を持ちつつ世間に役立つ貢献をしている	D3 対決 相手に矛盾などを指摘できる
対家族内コミュニケーション	C4 問題解決 葛藤への対処法がある	A4 自律（自立）性 自分の後ろ盾は自分だと知っている	R4 保護 家族や自分への危機管理能力がある	D4 親密さ 本音でつき合える

＊7 **受容性**
Acceptance
自分のあるがままについて素直に認めること。つまり、自分の欠点ばかりに目を向けないで、自分らしさ、強みの部分や未知の能力に気づくこと。

＊8 **権利主張**
Right of assertion
ここでいう権利とは、基本的人権（別項参照）に裏づけされている主張のことである。この世界に生存する誰にも与えられている、人間平等の関係性を示す理念である。

＊9 **自己開示**
self Disclosure
この概念を最初に世に問うたシドニー・ジュラード（Jourard, S. M.）によれば、自分自身をあらわにする行為。すなわち、本音をいうこと。

人によって、クリアできている課題、積み残された課題に違いが出ることを、まず理解しておきましょう。

1 Cについて

これは、対人的葛藤への対処行動を示しています。世の中は、自分中心にまわっていない以上、ぶつかり合いがあって当然です。その「あってあたりまえ」の心のぶつかり合いを、どのように乗り越えていくか、という視点です。それをクリアするための課題が、以下のように四つあります。

C1は、自己洞察です。すなわち自分についてどれくらい気づいているか、という「自分への気づき」です。しかし、自分の長所や短所に気づく、というような評価的な意味ではありません。自分の強みや得意分野、可能性はどこにあるのか、というように、「自分が成長するうえで、武器として使えるような側面への気づき」のことです。

C2は、対人的感受性で「人を感じる力」です。人に対する配慮やいたわりということでしょう。

C3のリーダーシップは、「影響力」すなわち「集団を動かし育て、そこに介入する力」のことです。人やグループに対する影響力、と考えてもいいでしょう。

C4の問題解決は、「葛藤が生じたときの折り合いのつけ方」、つまり葛藤が生じたときの対処法を持っているということです。

Cに関する四つの課題（宿題）が全部終わると、対人的な心のぶつかり合いがあったとしても、疲れないその人らしい生き方ができるようになるはずです。疲れてしまうのは、受け身的行動や、攻撃的行動はこうした理由から生まれると考えられます。

どこかに「積み残し」がある、ということです。したがって、非アサーティブ行動である

2 Aについて

受容性を示しています。受容性とは、素の自分を認めるのと同時に、素の相手を認めるということです。英語でいうと〝I'm OK. You're OK.〟これは、仲よしグループが軽くかわすOKではありません。命を持っている者同士、畏敬の念と尊敬の念を抱いて、お互いの存在を認め許し合うことができる、という意味のOKです。

A1は、自己受容です。「自分をありのままに受け入れ、許すこと」です。そういう力があると、人間は自然体で生きられますね。

A2は他者受容です。「相手のことをありのままに受け入れ、許すこと」です。人を自分の色に染めるとか、自分の思い通りに操作しようとはしない人です。

A3は純粋性です。言行一致、すなわち、「いっていることとやっていることが一致している人」のことです。単なる評論家ではありません。

A4は自律（自立）性です。「自分の後ろ盾は、自分自身であると自覚を持っていること」です。

以上、Aの受容性すべての課題が解決できていると、自分らしくありのままに生きることができますから、疲れません。この課題に積み残しがあると、ありのままに生きることに無理があったり、生き方が不自然になったりします。

3 Rについて

権利主張です。権利義務の「権利」ではなく、基本的人権[*10]の「権利」にあたります。誰かから与えられたものではなく、生まれながらにして人間に付与されている、侵すことのできない権利です。

R1は自己決定です。「何事に関しても自分で判断できること」です。また、自分が下した判断や、その結果に対しても責任を負える、という意味でもあります。

R2は他者尊重です。「相手にも自分と同じように自己決定する権利や、同じように責任を取る権利があることを認める」ということです。

R3は共同体感覚です。英語でsocial interestといいます。**すなわち「相手の痛みを自分の痛みとして感じる能力のこと」です。公共心ともいえるでしょう。**公共心をもちつつ世間のためにひと肌脱ぐことなどは、これに当たります。

R4は保護です。「家族や自分を含めて危機管理能力があること」です。安全を守ることができる、降りかかった火の粉を払いのけることができる能力です。

以上、基本的人権について学び、それを実践できるということは、この四つの課題をクリアしている、ということになるわけです。ところが、基本的人権に対する自覚がなく、それを実践していないと、どこかに積み残しが出て、いわゆる無責任な生き方や自己中心的なふるまいをするようになります。

4 Dについて

自己開示を示します。必要に応じて自分のことをオープンにできる、という意味です。

*10 **基本的人権**
人間が生まれながらにして持っている、侵すことのできない権利のこと。人権意識は一八世紀に定着した人間平等の理念であるといわれる。それが明文化されたのが世界人権宣言（Universal Declaration of Human Right）で、一九四八年一二月一〇日、国際連合の第三回総会において決議された。基本的人権に関して三〇条にわたり述べられている。

D1は自己信頼です。「自分の感覚や直感力を頼りにして行動すること」です。つまり自分を信じることができる人です。人に「お伺い」を立てなくても生きて行くことができるのです。

D2は感情表出です。感じたことを抑圧したり、それを罪悪感ととらえたりしません。**つまり「感じたままに抑圧せずに表現できる力」のことです。**

D3は対決です。英語の confrontation といいます。**すなわち、相手の話に矛盾や疑問があったら、それを指摘したり、確認したりして「解決できる力」のことです。矛盾や疑問をそのままにしてしまわない人です。**

D4は親密さです。建前ではなく「本音同士の交流ができる」という意味です。つまり相手と本音でつき合うことができるのです。

以上、自分の心を開いて生きている人は、この四つの課題をクリアできている人です。しかし、人とのコミュニケーションの際に、自分の心を閉ざしてしまう人は、いずれかの課題に積み残しがある、と考えていいでしょう。

5 縦の軸について

対人コミュニケーションの「状況」（場面）を表しています。無限大にある私たちの社会状況を、対人コミュニケーションに特定化すると、大きく四つに分けられます。つまり、非アサーティブ行動に陥りやすい状況ともいえます。

一つめは「**対自的コミュニケーション**」で、自分との語らい、すなわち自問自答のことです。二つめは「**対他的コミュニケーション**」で、対話のことです。三つめは「**対集団的**

「対家族内コミュニケーション」で、これは血縁関係のなかでの発言や発表を指しています。最後が、「対家族内コミュニケーション」を意味しています。

以上のように、C～Dに分類された横軸の四つの対人コミュニケーションの因子（要素）が、縦軸の対人コミュニケーションに特化した社会状況の四因子と組み合わさって、アサーティブ行動を育成するうえで必要な一六の課題（セル）ができるわけです。ですからこのセルを、自分がどこを積み残していて、どこがクリアできているのか、という自己分析の基準にすることができるのです。

ただし、アサーティブ行動マトリックスも、理想的なアサーティブ行動の傾向を表しているだけで、クリアできているからいい、できていないから悪い、という評価の対象になるものではありません。個人内差異を知るための資料だ、ということを重ねて確認しておきます。

ですから、結果を受けて舞い上がり、「よかった」「すばらしい」と喜ぶ必要はありません。「どういう意味があるのか」「どういう成果に結びつくのか」と自分で考えることのほうが大切なのです。

個人間差異は知能検査などで使われています。これは、一〇〇人のなかで、自分はどれくらいに位置しているのかを知る検査です。知能は記憶力や分析力、論理的思考能力など一定スケールで測定可能なため、個人間の比較がしやすいのです。

ところが、アサーティブ行動は、「疲れない人生を送る」「自分らしい人生を送る」「自分を大事にした人生を送る」ためにあります。それらは、序列をつけて並べたり、比較したりする性質のものではないのです。

ある人が、ＳＣＡＴの結果を受けて「自分には、権利主張の部分に苦手意識がある」と気づいたとします。では、どういう理由で苦手意識が生まれたのでしょうか。その理由を知るためには、いろいろな方法があると思います。

例えば「世界人権宣言」の基本的人権について、三〇条すべて勉強して、「自分には基本的人権について、どれくらいの知識があったのか」「基本的人権について、単に言葉だけの理解だったのか」などと追究することもできるわけです。

このように、トレーニングの結果は、自分自身への気づき、あるいは自分をふり返るためのきっかけとして活用してください。アサーティブな生き方を学ぶためには、自分を知ることが必要だからです。さらに、この本を読み進めていく途中で「はっ」と目から鱗が落ちる瞬間があるはずです。その都度それも取り入れて、自分に合ったアサーティブ行動に成るための指導案（カルテ）を作っていきましょう。私がカルテを作って「さあ、これがあなたのカルテですよ」と差し出しても、気に入らないと思います。なぜならば、あなたの人生と私の人生は、根本的に違うのですから。

後日再びＳＣＡＴを行ったとき、得点が変化した人もいれば、変わらなかった人もいるはずです。それは「機が熟す」タイミングに個人差がある、というだけのことです。その人自身が「変わりたい」と願い、精神的にも変わる準備ができていれば、結果をきっかけに変化することができますが、その人自身のなかで「変わりたい」という気持ちが十分に熟していなければ、変化はないはずです。機が熟す時期は必ず来ますから、落胆する必要はありません。機が熟していないことを知るのも、今の自分の状態を知るうえで大切です。いずれの結果が出ても、すべて意味があることなのです。

エクササイズ11 SCATの結果を自己分析

アサーティブ行動マトリックスのセルは、すべてアサーティブに成るための目標が示されています。これと202ページの行動様式グラフの結果と照らし合わせて、自分の目標を探し出し、取り組みへの優先順位を次ページの演習用マトリックスの空欄に書き込んでみましょう。

その後、SCATの結果を自己分析してください。「こんな傾向に気づきました」「この課題に積み残しがあります」など、いろいろ気づくと思います。

自己分析の結果

自己洞察

演習用アサーティブ行動マトリックス

因子（要素）／対人的コミュニケーション場面		C 対人的葛藤への対処行動	A 受容性	R 権利主張	D 自己開示
対自的コミュニケーション	自己の課題	C1 自己洞察	A1 自己受容	R1 自己決定	D1 自己信頼
	取り組みの優先順位	[　　]	[　　]	[　　]	[　　]
対他的コミュニケーション	自己の課題	C2 対人的感受性	A2 他者受容	R2 他者尊重	D2 感情表出
	取り組みの優先順位	[　　]	[　　]	[　　]	[　　]
対集団的コミュニケーション	自己の課題	C3 リーダーシップ	A3 純粋性	R3 共同体感覚	D3 対決
	取り組みの優先順位	[　　]	[　　]	[　　]	[　　]
対家族内コミュニケーション	自己の課題	C4 問題解決	A4 自律（自立）性	R4 保護	D4 親密さ
	取り組みの優先順位	[　　]	[　　]	[　　]	[　　]

補遺2 アサーションいろはかるた

本文でもお話ししたように、アサーションいろはかるたは、アサーション・トレーニングをアクティブ・ラーニングとして実践するために開発したものです。アサーションいろはかるたがどういうものかについては8章をご覧ください。ここでは、実際の使い方に絞って説明を行います。

■用意するもの

サイコロ　……一個
読み札四八枚……本誌収録の読み札をコピーして、厚紙に貼ってお使いください。
絵札　四八枚……読み札に合ったイラストを自作して厚紙に貼ってご用意ください。

誌面の関係上、本誌には、かるたの読み札のみを収録しています。私が使用する絵札は、私が勤務する大学の心理学科の有志四名がパソコンのお絵かきソフトを駆使して描いてくれたイラストで構成されています。読者のみなさんも、読み札に合ったイラストを自由に描いてみてください。

■グランドルール

・個人のプライバシーを守り、参加者の発言内容を口外してはいけません。
・参加者が他人の発言を非難したり、バカにしたり、ケチをつけてはいけません。
・体験を語るのに、時間がかかっても、決して焦らせて発表を促すことはしません。たっぷりと時間を与え、その人の発表があるまで待っています。

■ゲームの進め方

・エクササイズ開始前に、世話人（司会役）を決めます。世話人はエクササイズに参加せず、参加者がグランドルールを守り、気持よく進行できるように配慮します。
・人数の制限はありませんが、参加者は五、六人くらいがちょうどいいでしょう。

①読み札をすべて裏にしてテーブルの上に重ねて置きます。
②順番を決めたらサイコロを振ります。出た目によって参加者は次のようにゲームを進めます。

●出た目の数が奇数の場合

サイコロを振った人以外の参加者は、サイコロを振った人に対して、褒め言葉やねぎらいの言葉、賞賛の言葉を意識して伝えます。サイコロを振った本人は、全員から言葉をかけられたら、自分自身に対して、褒め言葉やねぎらいの言葉、賞賛の言葉をかけます。

〈褒め言葉の例〉

・はきはきした口調で好感が持てますね。
・ファッションセンスがいいですね。
・気配りの達人ですね。

●出た目の数が偶数の場合

サイコロを振った人は、テーブルの上に裏返して積まれた読み札から一枚引き、内容を読み上げます。そして、その内容に応じた絵札を探し、読み札の内容にふさわしい自分の体験談を話します。

③一人目が終わったら、時計回りで次の参加者がサイコロを振り、ゲームを進めます。
④二ラウンドまでゲームを進めます。
⑤二ラウンド完了後、一度も奇数の目が出なかった人がいたら、他の参加者は、褒め言葉やねぎらいの言葉、賞賛の言葉をかけます。このときサイコロは振りません。全員から言葉をかけられたら、自分自身に対して、褒め言葉やねぎらいの言葉、賞賛の言葉をかけます。
⑥最後に、世話人のために、全参加者が一人ずつ褒め言葉やねぎらいの言葉、賞賛の言葉をかけます。このときもサイコロは振りません。全員から言葉をかけられたら、世話人も自分自身に対して、褒め言葉やねぎらいの言葉、賞賛の言葉をかけます。

アサーションいろはかるた（コピーして切り取って使用してください）

い

いつだって自分のボスは
自分だけ

ろ

論理的な思考を
ラショナル・ビリーフという

は

判断は
他人がさせたのではなく
自分の意志で行っている

に

人間だから誰だって
誤りを犯す

ほ

本当に「最悪」なことなど
めったにない

へ

ヘマをしてもあなたの評価は
下がらない

と

どんな評価をされても
私は私

ち

長所も短所もある人間

ⓡ
理由をくどくどいわず、
主張を変えてもかまわない

ⓡ
ルールを守ることは
社会と自分を守ること

ⓝ
抜けきれない思考の癖で
ワンパターン人間になっていた

ⓦ
大げさに物事を受け止めて
いることのほうが多い

わ

私の過去は変えられないけど、私の今は変えられる

よ

よいところも悪いところもあるのが人生だ

か

完璧な人生などないと心得ること

た

誰もあなたを憂鬱にしたり怒らせたりはできやしない

れ

レッテルを貼って他人や自分を見るから、ワンパターンの思考を繰り返すのだ

つ

強くて頼れる人の支えや導きを期待するより、自分自身を頼りにするほうが現実的だ

そ

そのとき、そのときベストを尽くすことで過去は変えられなくても今は変えられる

ね

ネガティブな心のフィルターを通してしまうと、ネガティブな結果しか見えてこない

㊥な
何か欲しいものがあっても、
何でも手に入るわけではない

㊥む
昔の出来事が、その人の生涯
にわたって影響を与え続け
たりはしない

㊥ら
楽な世の中ではなくても、
それを我慢して努力すること
はできる

㊥う
Win-Winは勝ち負けの
ない自他ともに大事にする
さわやかな関係

ゐ
一度いったことでも、
気持ちが変わったなら
変えてもかまわない

お
恐れを作り出しているのは
自分である

の
NOという時、必要以上
に罪悪感を持つ必要はない

く
苦労も骨折りも人生の一部
であると思えば、我慢して
取り組むことができる

ⓨ やりたいように人は行動する
それが人のやり方だから

ⓚ 結果に対して、誰も無責任
でいることができない

ⓜ 間違えることもある
誰だって不完全な人間

ⓕ 不完全な人生を
無条件に受容する

こ

コントロールできない
他人の感情を、思い通りに
変えることなどできやしない

え

影響を受けた出来事があって
も、それが今の自分の行動を
決定するわけではない

て

出来事はきっかけにすぎない、
感情と行動を決めるのは
セルフ・トークとビリーフ

あ

相手の感情の責任まで
背負い込む必要はない

㋚ 最悪で我慢できないほどひどいことなんて、本当はめったに起こらない

㋴ 勇気を持って状況を受け入れれば、そこから何かを変えることができる

㋖ 拒否されたからといって、あなたの価値を否定されたわけではない

㋱ 面倒なことや雑用だって人生の一部である

㋯ みんなから好かれ受け入れられている人なんて、どこにもいない

ゑ 永遠にイヤな出来事が続くことなどあり得ない

㋛ 自分を受け入れ肯定的に生きていく

㋪ 人を操らず、人に操られず

㋲ 問題が起こっても、完璧とはいえなくとも、何とか対処することができる

(す) 素のままの自分を受け入れる素のままの相手を受け入れる

㋝ 責任を取る権利も取らない権利も持っているただ責任転嫁はできない

(ん) 権利（けんり）を行使するときに、罪悪感や無力感を持たなくてもいい

補遺 3 セルフ・アサーション・ファシリテーターに成る

私がファシリテーターの養成について、初めて議論に参加したのは、一九八四年一一月二五日、広島大学で行われた「日本心理臨床学会」第三回大会の自主シンポジウムでした。そのときのテーマは「グループ・ファシリテーターの養成をめぐって」[*1]というものでした。当時、三七歳のまだ駆け出しの頃です。

さらに遡ると、私のファシリテーター養成の原点は、一九七七年に國分康孝と始めた「構成的グループ・エンカウンター（SGE）」[*2]の実践と研究です。このSGEの特徴は、各種のエクササイズを組み合わせて作成し、展開するものです。國分康孝がファシリテーターを担当したSGEのエクササイズに、私はオブザーバーとして五回参加しました。この間、事務担当として活動する合間をぬって、ファシリテーターである國分康孝の立ち居振る舞いを観察して学びました。

こうした私の体験を整理すると、参加者体験期間、オブザーバー体験期間、全プログラムを指導する体験期間を経て、ファシリテーターとして自立していきました。この期間を通して学んだことは、参加者個人を信頼することと、グループを受容することでした。

*1 **グループ・ファシリテーターの養成をめぐって**
菅沼憲治「グループファシリテーターの養成をめぐって」（『第三回日本心理臨床学会自主シンポジウム（一九八四年、広島大学）』日本グループ・アプローチ研究会、一九八五年、No.1, p7-9）

*2 **構成的グループ・エンカウンター（SGE）**
グループ・カウンセリングの一種。カウンセリングに参加するメンバーは、ファシリテーター主導のもと、エクササイズとシェアリングを行う。國分康孝によって広められ

ファシリテーターの必要条件

私の経験から考えるファシリテーターの必要条件は、次の三点です。

1. 個人カウンセリングのトレーニングを受け、臨床実践能力を高める。

参加者メンバーの個人面接が随時必要となったとき、それに対応するためです。

2. 大学院の臨床心理士養成課程等を修了して、臨床心理士や公認心理師の有資格者であることが望ましい。

ファシリテーターが参加者の超自我対象[*3]であるからです。参加費というお金を受け取る以上、専門性（ファシリテーターとしてのスキル・トレーニングの成果）を十分に打ち出すために、必要な基準であると考えているからです。

3. 可能な限り三つのカウンセリング理論のオリエンテーションを済ませていること。

ここでいう三つの理論とは、各種エクササイズを作成し、展開するときの基礎理論となる「精神分析」「ロジャーズ理論」「行動理論」です。

■ファシリテーター養成のための提言

ファシリテーター養成では、主としてパーソナル・トレーニングとスキル・トレーニングの二つの目標があります。パーソナル・トレーニングでは、次の四つを目標として取り

た。グループ・カウンセリングには、ロジャースによって開発された非構成的エンカウンター（ＵＳＧＥ）もある。

＊3 **超自我対象**

超自我とは、一般的には、フロイトが提唱した精神分析の理論の一つである「構造論」の見地で述べた定義。心にはエス（本能的な欲求）と自我（現実検討力）と超自我（規範）の三つがあり、エスの対抗に超自我があり、中間に自我がある。ここでいう超自我対象とは、自分にとって行動規範の手本となるキーパーソンの意味で使う。したがって、あこがれの人物や頼られる人のことを差す。

上げています。

①自己開示　②主張性
③自己への気づき　④感性を磨く

パーソナル・トレーニングの目的を達成するためには、自らセルフ・アサーション・トレーニングに参加し、自分の非アサーティブな行動をアサーティブに変化させておく必要があります。

スキル・トレーニングでは、ロールプレイングを指導するという専門的役割を担うために、次の五つを項目として取り上げています。

①トレーニングに用いるエクササイズのインストラクション
②エクササイズの理論的根拠を説明できるようにする
③エクササイズのプログラムの構成の立て方
④エクササイズと、実施するトレーニング全体を見渡した上での時間配分のしかた
⑤特定の気になる参加者への介入のしかた

この二つのトレーニングの目標を達成するためには、自らがセルフ・アサーション・トレーニングの参加者になるという体験、セルフ・アサーション・トレーニングを離れたところから観察するというオブザーバーの体験、最終的には、全プログラムを遂行するファ

シリテーター体験の順に進むことが望ましいでしょう。

また、必要に応じて十分にファシリテーター経験を積んだ先輩から、スーパーヴィジョンを受けることが必要です。

ファシリテーター養成プログラム

私は、二〇一五年から特定非営利活動法人日本人生哲学感情心理学会において、アサーション・ファシリテーター養成のための研修を行っています。研修内容は、ファシリテーターとして求められる技能を細分化し、「理論講座」「演習コース」「実習コース」の三つにプログラム化しています。この養成プログラムによってファシリテーターの技能を身につけた後も、優れたファシリテーターを目指すためには、目的にかなった継続研修を行うことをお勧めしています。継続研修については後に触れます。

■ファシリテーター養成コース１：理論講座

ファシリテーター養成コースの最初の研修は理論から始めます。このコースは三時間のコースとして定めています。まず、「アサーションとは何か」から始まり、「アサーティブ行動の査定」、「アサーティブ行動と代表的な三つの人間関係」、「肯定的メッセージ」、「否定的メッセージ」などを学びます。講義としては、アサーション権、アサーティブに成長する意義などについて話しています。

■ファシリテーター養成コース２：演習コース

理論について学んだら、次のステップとして、演習コースを三時間設けています。演習コースでは、グループをまとめ動かし、育てるスキルについて実体験を通して学びます。この時間で用いる教材が「アサーションいろはかるた」です。

原則として六人のグループを作り、グループの中から一人ファシリテーターを決めて、グループについてさまざまな角度から体験学習をするのです。

その後、ファシリテーターが念頭に置いておくべき倫理についての問題に取り組む時間を作っています。そのとき用いるのが、アルベルティとエモンズが作成したアサーションの倫理に関する資料（補遺4に掲載）です。その資料を読みつつ、ファシリテーターの倫理に関するエクササイズを活用しています。ここでは図1に示すようなエクササイズを実施します。

ここで、なぜ倫理という問題をファシリテーター養成プログラムの演習に加えるかについて触れておきましょう。

ファシリテーターには、参加者を保護し、育成し、安全・安心な環境の中でトレーニングを実施する責任があります。一方で、トレーニングに参加しようとする参加者には、さまざまな資質の人がいます。そのとき、健常者であれば問題はありませんが、さまざまな理由によって心を患っている方が参加を希望する場合には注意が必要です。通院し、服薬をしながら、かつトレーニングに参加しようとしている方への配慮です。

このような場合、トレーニングを主催する主催者が参加を認めるか断るかは、非常にデリケートな問題になってきますので、こうした問題に意識を向けるということも、ファシ

REBTアサーション・ファシリテーターの倫理に関する問題

課題

REBTアサーション・トレーニングの研修会にファシリテーターとして加わることがありました。そこであなたは、ある参加者が精神疾患を患い、精神科のクリニックへの通院歴もあり、また主治医から投薬を指示され治療中であるとの事実を事前に知ることになりました。この場合にファシリテーターであるあなたは、この参加者に対してどのような判断をするか考えてください。

回　答：　1.　トレーニングへの参加を許可する。
　　　　　2.　トレーニングへの参加を断る。

判断根拠：回答の根拠を資料「アサーティブ行動トレーニングに関する倫理綱領」を読み示しなさい。

※本書では「アサーティブ行動トレーニングに関する倫理綱領」を補遺4に掲載しています。

図１　ファシリテーターの倫理に関するエクササイズ

リテーターとしての能力を問われる課題になります。このように、アサーション・トレーニングのファシリテーターは、アサーションのスキルや知識以外にも、指導上の倫理の問題について熟知する必要があると考えています。

■ファシリテーター養成コース3：実習コース

ファシリテーター養成コースの最後の研修は、ロールプレイング実習です。実習時間には、六時間を充てています。実際に、グループごとにファシリテーターを決めて、シミュレーションを通してファシリテーターを体験します。

実習を行う前には、ロールプレイングの意義や、金魚鉢方式のロールプレイングの概要と段取りについて学習します。ロールプレイングの段取りについては、参加欲求調査票の実施、金魚鉢方式のロールプレイングで学ぶ意義、実施後の振り返りについて、手順と意識するポイントなどを学びます。

ロールプレイングで重要なのは、グランドルールです[*4]。特にロールプレイングの主役が話す内容は、絶対に外部へ漏らしてはいけません。ゴシップ話、世間話などもってのほかです。グループ全体に守秘義務を徹底させるというポイントについては、特に強調して伝えています。

ファシリテーターの継続研修

ファシリテーターとして一定の技量を持った方、学会の認定資格などを持った方には、

＊4 **グランドルール**
会議や集団で行動するとき、進行がスムーズになるよう設定するルール。会議中に携帯電話の電源を切る、私語を慎む、など。

随時継続した研修を行うことを提案しています。継続研修を行う内容として、次に示す八つの項目について押さえておくのが望ましいと考えています。

①人間観の育成
②パーソナリティ理論
③病理論
④セルフ・アサーション・トレーニングの目標論
⑤ファシリテーターの役割についての理解
⑥参加メンバーの役割についての理解
⑦参加者の言動に過剰に振り回されない
⑧セルフ・アサーション・トレーニングの長所と限界について知る

①人間観の育成

「人を見たら仏と思え」「人を見たら泥棒と思え」というような、極端な人間観から始まり、人間の見方にはさまざまなものがあります。一般的に、ファシリテーターとしての人間観を述べると、「人間は、他者との関係において自分が初めて存在している」という考えです。これを世界内存在[*5]といいます。こういった人間観をさらに豊かにしていく必要があります。

②パーソナリティ理論

＊5 **世界内存在**
Das In-der-Welt-Sein
マルティン・ハイデガーの言葉。

人間は実に個性豊かでユニークな存在です。その個性豊かな人間を理解するために、例えば環境論、あるいは遺伝子を重視する理論などがあります。

現在のパーソナリティ理論には、個人だけでなく、複数の人間の個性を説明する理論もあります。参加者の個人差を理解するためには、複数のパーソナリティ理論を学びつつ、自分が理解しやすいパーソナリティ理論に構成し直す必要があります。

③病理論

自分の言動を極端に抑圧し、自分の殻を破らないような人の中には、社会的適応に困難を来す人もいます。もし、そうした参加者がいた場合に、その人の心の健康具合を査定する基準というものを作っておく必要があります。こうしたときのために、自他を含めて心の健康とは何か、不健康とは何かを査定する視点を学んでおきます。

④セルフ・アサーション・トレーニングの目標論

一般に、セルフ・アサーション・トレーニングは、自他共に必要以上に自己表現を抑えることなく、自己を開いていく行動であると考えられています。つまり豊かな対人関係を形成するためのトレーニングであるといえます。

すでに述べたように、このセルフ・アサーション・トレーニングの目標は、その因って立つ背景にある理論によってさまざまに定義が変わってきます。そこで、自分の言葉で説明できる定義を準備しておきます。

⑤ファシリテーターの役割についての理解

ファシリテーターは、セルフ・アサーション・トレーニングのプログラムを作り展開します。主としてエクササイズを活用しながら、それを参加者に伝え、必要とあれば参加者個人に介入します。

一般的に、セルフ・アサーション・トレーニングは、一対一のトレーニングではなく、グループで運営します。そのために、グループが育つことによって個人が成長するという原理を押さえつつ、グループを見る視点、個人を見る視点、複眼的な視点というものがファシリテーターには常時問われるわけです。

⑥参加メンバーの役割についての理解

参加者は、ファシリテーターから与えられたプログラムを一心不乱に遂行します。ところが、まれにこのプログラムに意義を唱えたり、抵抗を示すような参加者もいます。このような参加者に対してどのように介入するか。ファシリテーターには、その臨機応変な対応が求められます。

そのためには、安心・安全な環境の中で、参加者が目標としたニーズを十分に満たすような心配りが必要です。

⑦参加者の言動に過剰に振り回されない

時折、ファシリテーターが熱意を過剰に示し、参加者の言動に振り回されることがあります。つまり、ミイラ取りがミイラになってしまうような状態です。これを防ぐためには、「思考・感情・行動の責任性」を理解する必要があります。つまり、人間の思考・感情・行動はその人のものである、だから他者がその結果責任を背負うことができない、という考えです。この点を押さえておくことによって、参加者の反応に過剰に揺さぶられることを防ぐことができます。

⑧セルフ・アサーション・トレーニングの長所と限界について知る

セルフ・アサーション・トレーニングの長所は、これまで乏しかった自己表現を新しい行動レパートリーとして学習できるという点です。また、Win-Winの関係性を通しながら、自他共に満足できる関係性を作る学習にもなります。トレーニングを実施することにより、適度なストレスの中で、自分を極端に不健康にしないで生活できるようになるわけです。

それではセルフ・アサーション・トレーニングの限界とは何でしょうか。

セルフ・アサーション・トレーニングは心の病気を治療するアプローチではありません。参加者の前提条件は、心理状態が健常であること、つまり、家庭生活や社会生活に適応した行動を取っている人を対象にしたトレーニングです。したがって、極度な感情の問題を持っていたり、行動の問題を持っていたりする場合は、それぞれの専門家に依頼して、その治療を優先させる方が賢明です。

エクササイズ12 非言語行動

次に示す四枚のイラストのうち、一番リラックスしているポーズだと思うのはどれですか。

①

②

③

④

自分が選んだイラストと同じポーズを取ってみてください。一〇分間その姿勢でいられたら、リラックスしているといえるでしょう。耐えられないとすれば、リラックスではありません。

一番リラックスしているポーズは②です。みなさんが真夏に冷房車に乗っている姿勢は、実はこんな感じなのです。この姿勢だとリラックスできるので、つい居眠りをしてしまうこともあります。つまり、その人がどれくらいリラックスしているか、姿勢や身振りだけでも伝わるのです。これも「非言語行動」のメッセージのおもしろいところです。

非言語行動とは、「話のテンポ」「声の調子」「表情」などから内なる気持ちを読み取ったり、伝えたりする行動のことで、「認知モデル」の行動領域に関するトレーニング課題でもあります。私達は、言語行動以外のメッセージを豊かに育てることで、アサーティブに成ることができるのです。

非言語行動の実践

ペアになって、一人は椅子に座ります。もう一人は立ち上がって「席を譲っていただけませんか」と、自然な感じで言ってください。そのときにチェックして欲しいのは、言われたほうはどんな気持ちになるのかということです。

今度は座ったままで、「席を譲っていただけませんか」と同じセリフを言ってみてください。ただし、表情とトーンもさっきとまったく同じにすること。言われたほうの気持ちに違いが出るでしょうか。次は、役割を交換して同じことをしてみてください。

さて、みなさんは、立って言われる場合と、座って言われる場合とでは、どちらのときに素直に席を譲ろうと思いましたか。以前同じ実践を行い、挙手によってその感想を求めたところ、座って言われたほうが、立って言われるよりも行動しやすいという結果が出ました。頭越しにものを言われると反発心が起こり、目線が同じだと素直に行動する気になるわけです。つまり、言語にはない「他の要素」が、相手に行動を起こさせる刺激として、人間の心理に大きな影響を与えていることを示しています。

この本のなかで幾度となく「アサーティブに成る」と言ってきました。それ自体は単なる言葉に過ぎませんが、そこには言葉以上の何かがあったのです。つまりこの「何か」こそが非言語なのです。ですから、外国に旅行すると言葉が通じないという人がいますが、そんなことはありません。ふるまいや表情といった非言語でも通じるのです。

エクササイズ 13 マン・ウォッチング

相手をよく「みる」ことは、非言語行動の基礎になります。みるは「見る」「観る」「看る」「診る」「視る」と微妙な視覚の働きをさまざまな漢字で説明することができます。次の図には、何が「みえ」ますか。

（『視覚の遊宇宙』東京図書刊）

（『視覚の遊宇宙』東京図書刊）

補遺 4 アサーティブ行動トレーニングに関する倫理綱領

『自己主張トレーニング』ロバート・E・アルベルティ／マイケル・L・エモンズ著
菅沼憲治／ミラー・ハーシャル訳、東京図書（1994）

一九七〇年代半ばにアサーティブ行動トレーニングが盛んになるにつれ、無資格のトレーナー、誤った目的、症状が悪化したクライエントなど、この訓練の種々の濫用が良心的な関係者の間で問題になりました。一九七五年十二月にサンフランシスコで、アサーティブ行動トレーニング関係者の全米団体である行動療法促進協会の集会が開かれ、倫理綱領の声明書作成を話し合いました。以下に示すのは、この集会での討議に基づいて作成された声明書です。

この声明書は引き続き、一九七六年八月にワシントンで開かれた第一回アサーティブ行動トレーニング国際会議や一九七六年十二月にニューヨークで開かれた行動療法促進協会の集会でも検討されました。これらの討議では、声明書に対する修正案は特に提出されなかったものの、ファシリテーターの資格条件としての学問的水準の問題が浮上してきました。充分な能力が備わっていることを基準とした新たな資格条件が今後採用される可能性もあります。

行動療法促進協会では、さらに、行動療法全般に関する倫理綱領の採択を検討しています。アサーティブ行動トレーニングだけが行動療法ではありませんが、いずれにしてもこの全般的な倫理もアサーティブ行動トレーニングに直接適用されることになります。

現在のところ、アサーティブ行動トレーニングの倫理綱領に関しては、以下に示す声明書が関係者によっておおやけにされている唯一のものです。アサーティブ行動トレーニングを主宰しようとするからには、この声明書の意味をよく考える必要があるでしょう。

アサーティブ行動トレーニングが盛んになるにつれ、「流行」に伴いがちな種々の悪弊も顕著になってきた。倫理的な責任感の欠如したトレーニング（あるいはトレーナー）についての報告もまれではない。たとえば、「アサーティブネス」と「攻撃」を区別しないトレーナーや、クライエントにしかるべき倫理的責任感と警告（相手からの反撃など、高度に否定的な反応に対する心構えなど）を与えないトレーナーの例も聞かれる。

この声明書『アサーティブ行動トレーニングに関する倫理綱領』は、アサーティブ行動の実地訓練（「アサーティブ・セラピー」、「ソーシャル・スキルス・トレーニング」、「個人成長訓練」、「ＡＴ」などとも称する）に積極的にかかわっている心理学者や教育学者ら（下記のリスト参照）が作成したものである。この声明書は、「素人は独力でアサーティブになろうとしてはならない」と言うものではなく、また「友人や身内の者のアサーティブ行動トレーニングに協力するにはちゃんとした資格がいる」と述べるものでもない。ここに提示される倫理綱領の目的は、専門家によるトレーニングをより責任ある倫理的なものにすることである。独力でアサーティブ行動トレーニングを行おうとする人、あるいはだれかのアサーティブネスに協力しようとする人は積極的にやっていただきたい。ただし、独力でやる場合の限界を認識し、必要なときにはセラピストやトレーナーの助力を求めることが大切である。

下記に挙げる者は、この声明書を支持・擁護し、各分野の良識ある専門家に対し、この声明書へのさらなる賛同を訴えるものである。

ロバート・Ｅ・アルベルティ（Ph. D）
サンルイス・オビスポ、カリフォルニア州

アイリス・Ｇ・フォーダー（Ph. D）
ニューヨーク大学准教授（教育心理学）
ワシントンスクウェア、ニューヨーク州

リン・ガーネット（Ph. D）
カウンセリング心理学者
シアトル、ワシントン州

ジョン・ガラシ（Ph. D）
北カロライナ大学スクール・オブ・エデュケーション
チャペルヒル、北カロライナ州

パトリシア・ヤコボスキー（Ed. D）

ミズーリ大学准教授（行動科学）
セントルイス、ミズーリ州

メルナ・D・ガラシ（Ed. D）
メレディス・カレッジ
ローリー、北カロライナ州

ジャネット・L・ウルフ（Ph. D）
論理療法研究所（臨床サービス部長）
ニューヨーク、ニューヨーク州

1 アサーティブ行動の定義

本声明書に示された綱領や倫理規定において表現されている「アサーティブ行動」とは、対人関係において人が自発的に表した複雑な行動として定義できる。その特徴は、人が自分の感情、態度、願望、意見、権利を直接、率直、かつ正直に表すとともに、一方で他者の感情、態度、願望、意見、権利を尊重する点にある。こうした行動は、怒り、恐れ、愛情、希望、喜び、絶望、憤り、困惑など種々の感情の表現を伴うことがあるが、いずれの感情も他者の権利を侵害するような仕方では表現されない。したがってアサーティブ行動は攻撃的行動と区別されなければならない。後者は、みずからの感情、態度、願望、意見、権利を主張する一方、他者の感情や権利等を尊重しない点にその特徴がある。

この定義はあくまで広義のものであるが、いずれにしてもアサーティブ行動には次の諸要素が不可欠であると思われる。

A意図　本人が他者に害を加えることを意図している場合、その行動はアサーティブとは見なされない。

B行動　アサーティブ行動は、客観的に見て、正直、率直、かつ積極的自己表現がなされ、他者を害さないものでなければならない。

C効果　アサーティブ行動の結果、その行動の受け手となる人（受け手が「道理をわきまえた人間」である場合）に害がもたらされるようであってはならない。

D社会・文化的背景　アサーティブ行動はその場における社会・文化的環境に適したものでなければならない。社会・文化的環境が異なれば、同じ行動でもアサーティブとは見なされないことがある。

2 クライエントの自己決定権

本声明書は、国連総会で採択された世界人権宣言に示されているように、全人類の固有の尊厳と誰にも譲り渡すことのできない平等な権利を認め擁護する。

世界人権宣言にのっとり、アサーティブ行動トレーニングに参加するクライエント（受講生あるいは患者）はすべてかけがえのない個人として取り扱われ、宣言に唱われているすべての自由と権利を享受する。アサーティブ行動トレーニングの名のもとにこうした自由や権利が侵害されるようなことがあってはならない。

トレーニングを必要とするかどうかは、クライエントの自己決定権を尊重し、事前に次に述べるすべての指針について説明すべきである。

Aどのような手続きでトレーニングをするかについてあらかじめクライエントにすべての内容を知らせておく。

Bクライエントはトレーニングに参加するかしないかを自分で決定できる。

C入院しているクライエントについても、入院の環境が許す限り、その人格を尊重し、強制力を使わない待遇を与える。

Dクライエントに対し、「アサーティブネス」と「アサーティブ行動トレーニング」がなにを意味するかについてはっきりした説明を与える。

Eトレーナーたちの教育、研修、経験、その他の資格について、クライエントに十分な情報を与える。

Fアサーティブ行動トレーニングの目標とそれがもたらす結果（相当程度の不安感や相手が否定的な反応を示す可能性など）について、クライエントに知らせる。

Gトレーナーとクライエント自身が負うべき責任について、クライエントに充分知らせる。

Hアサーティブ行動トレーニングの場面が変わることによって、秘密保持の規定の倫理やその適用のされ方が、どのように変わるのかをクライエントに知らせる。（たとえば、臨床場面と臨床場面以外とを比べて）

3 トレーナーの資格

いつも心理学を修めた専門家によって指導されるとは限らないが、アサーティブ行動トレーニングは基本的にはセラピーの方法の一つである。専門がなんであれ、行動や態度や対人関係を変えるために他者に手を貸そうとするからには、その介入の水準に応じた人間行動の理解が求められる。

［3−1］一般的な資質

アサーティブ行動トレーニングのトレーナー（ヒューマン・サービスの専門家になるため、リサーチ・プロジェクトの一環として、または実習の一環としてスーパーバイザーの元でアサーティブ行動トレーニングのトレーニングをしている「トレーナー研修中のトレーナー」も含む）には、実施するトレーニングの水準を問わず、最低限次の資質が求められる。

A 学習と行動の原理に関する基礎知識（大学の学部レベルできちんと教えられた学習理論に相当する知識）を有していること。

B 不安とそれが行動に与える影響に関する基礎知識（大学の学部レベルできちんと教えられた異常心理学の理論に相当する知識）を有していること。

C アサーティブ行動トレーニングの限界、逆効果、潜在的危険性についての知識を有していること。この分野における理論や研究に精通していること。

D 専門のいかんを問わず、アサーティブ行動トレーニングをトレーニングする能力を有資格のトレーナーから認められていること。専門の分野での博士号などをもたない者については、このことは特に重要である。その場合には次の条件を満たしていることが望ましい。

(1) アサーティブ行動トレーニングにクライエントとして（あるいは受講生や患者として）十時間以上参加した経験がある。

(2) アサーティブ行動トレーニングをスーパーバイザーの元でトレーナーとして十時間以上指導した経験がある。

[3-2] 特別な資質

次に示すような特定の水準の介入については、さらに別の資質がトレーナーに求められる。

A アサーティブ行動トレーニングのトレーニング。ワークショップであろうと、グループまたは個人を対象としていても、治療的構造を伴わないトレーニングである。しかも顕著な情緒的障害や精神疾患がなく勇気づけと特定の技法の教授があればアサーティブになれる人を対象とする。

(1) 公認されたヒューマン・サービス機関、学校、政府法人、教会、地域団体などが後援するプログラムのトレーナーについては、次のうちいずれかに該当すること。

a ヒューマン・サービスのいずれかの分野（心理学、カウンセリング、ソーシャルワーク、医学、公衆衛生学、看護学、教育学、ヒューマン・ディベロップメント、神学）における学位を有する。ヒューマン・サービス機関において、有資格のトレーナーのスーパーヴィジョンを受けつつ少なくとも一学期間の実習経験を有すること。

b現在働いている州もしくは公的基準の元で認定されている州や全米職業団体から、聖職者、公立学校教師、ソーシャルワーカー、医師、カウンセラー、看護婦、臨床心理士、カウンセリング・サイコロジスト、教育心理学者、学校心理学者の資格証明書を得ていること。

c公認されたヒューマン・サービス機関において有資格の指導者のトレーナーのスーパーヴィジョンを受けつつ一年間以上有給でカウンセリングをした経験があること。

d次に述べる［3-2B］または［3-2C］に示す資格を有していること。

(2)前述した［3-2A］と同水準の介入を要するプログラム（ただし、特定の機関や団体の後援がない場合）のトレーナーについては、次の条件のうち、aとbの両方、もしくはcに該当すること。

aヒューマン・サービスのいずれかの分野（心理学、カウンセリング、ソーシャルワーク、医学、公衆衛生学、看護学、教育学、ヒューマン・ディベロップメント、神学）における学位を有する。ヒューマン・サービス機関において、有資格のトレーナーのスーパーヴィジョンを受けつつ少なくとも一学期間の実習経験を有すること。

b現在働いている州もしくは公的基準の元で認定されている州や全米職業団体から、聖職者、ソーシャルワーカー、医師、カウンセラー、看護婦、臨床心理士、カウンセリング・サイコロジスト、教育心理学者、学校心理学者の資格証明書を得ていること。

c下記の［3-2B］または［3-2C］に示す資格を有していること。

Bアサーティブ行動セラピー。極度の不安や人づきあいのための手腕が極端に欠如していることに悩む人、攻撃性をコントロールできない人、なんらかの精神疾患を有する人、他のセラピーが必要な人などに対する治療的介入がなされる場合である。

(1)公認されたヒューマン・サービス機関、学校、政府法人、教会、地域団体などが後援するプログラムのセラピストについては、次のうちいずれかに該当すること。

aヒューマン・サービスのいずれかの分野（心理学、カウンセリング、ソーシャルワーク、医学、公衆衛生学、看護学、教育学、ヒューマン・ディベロップメント、神学）における学位を有する。ヒューマン・サービス機関において、有資格のトレーナーのスーパーヴィジョンを受けつつ少なくとも一学期間の実習経験を有すること。

b現在働いている州もしくは公的基準の元で認定されている州や全米職業団体から、聖職者、ソーシャルワーカー、医師、カウンセラー、看護婦、臨床心理士、カウンセリング・サイコロジスト、教育心理学者、学校心理学者の資格証明書を得ていること。

c下記の［3-2C］に示す資格を有していること。

(2)既に述べた［3-2A］と同水準の指導を要するプログラム（ただし、特定の機関や団体の後援がない場合）のセラピストについては、次の条件のうち、abcのすべて、もしくはdに該当することを要する。

aヒューマン・サービスのいずれかの分野（心理学、カウンセリング、ソーシャルワーク、医学、公衆衛生学、看護学、教育学、ヒューマン・ディベロップメント、神学）における学位を有する。ヒューマン・サービス機関において、有資格のトレーナーのスーパーヴィジョンを受けつつ少なくとも一学期間の実習経験を有すること。

b現在働いている州もしくは公的基準の元で認定されている州や全米職業団体から、聖職者、ソーシャルワーカー、医師、カウンセラー、看護婦、臨床心理士、カウンセリング・サイコロジスト、教育心理学者、学校心理学者の資格証明書を得ていること。

c公認されたヒューマン・サービス機関において有資格の指導者のトレーナーのスーパーヴィジョンを受けつつ一年間以上有給で専門分野の仕事をした経験があること。

d次に示すような［3-2C］に示す資格を有していること。

Cトレーナーの育成。学校、機関、団体などにおいて（または個人のクライエントに対して）、アサーティブ行動トレーニング・アサーティブ行動セラピーを実施するための専門家を養成する。かかる専門家の養成にあたる者は、次の条件のすべてに該当すること。

(1)ヒューマン・サービスのいずれかの分野（心理学、カウンセリング、ソーシャルワーク、医学、公衆衛生学、看護学、教育学、ヒューマン・ディベロップメント、神学）における博士号を有する。ヒューマン・

サービス機関において、有資格のトレーナーのスーパーヴィジョンを受けつつ少なくとも一学期間の実習経験を有すること。

(2)現在働いている州もしくは州や全米職業団体から、聖職者、ソーシャルワーカー、医師、カウンセラー、看護婦、臨床心理士、カウンセリング・サイコロジスト、教育心理学者、学校心理学者の資格証明書を得ていること。

(3)公認されたヒューマン・サービス機関において有資格のトレーナーのスーパーヴィジョンのもとに一年間以上有給で専門分野の仕事をした経験があること。

(4)アサーティブ行動トレーニング・アサーティブ行動セラピーに関して専門的な研究業績を有していること。それには、次の条件のうち、少なくとも二つを満たす必要がある。

aクライエントに対してトレーナー（セラピスト）として少なくとも三十時間以上接したことがある。

b専門家の団体または専門家養成機関が主催した少なくとも二種類以上のワークショップに参加したことがある。

c専門分野の研究誌に寄稿したことがある。

［3-3］カウンセラーと心理士については、資格証明書を出さない州もある。こうした州では、その地域の法律に反しない限り、次のaとbのいずれかをもって当該の資格を有するものと見なす。

a［3-1］と［3-2］に示された他の資質に適合していること。

b他の州においてならばカウンセラーもしくは心理士として適格であろうと見なされること。

［3-4］アサーティブ行動トレーニングのワークショップに一、二回参加しただけでは（たとえそのワークショップが有資格の専門家によってトレーニングされたものであろうと）、他者のアサーティブ行動トレーニングをトレーニングする十分な資格を得たことにならない。他者のアサーティブ行動トレーニングをトレーニングするには、上記［3-1］と［3-2］に示した資質を満たさせなければならない。

［3-5］前述した資質はアサーティブ行動トレーニングの専門家であるための「基準」であり、なんらかの公的な「検定」や「資格」を意味するものではない。各専門家にとって重要なのは、これらの基準に従ってトレーナー・セ

ラピストとしての自分の資格を自分で判断し、クライエントに明らかにすることである。

4 トレーナー（セラピスト）としての倫理的行動規定

他者のアサーティブ行動を勇気づけ促進させることは、基本的にはセラピーであり、臨床心理士のための倫理規定がアサーティブ行動トレーニングにもほぼそのまま適用されることになる。ただし、アサーティブ行動トレーニングのトレーナーのなかには、心理学の専門家でない人（たとえば教師や企業の教育担当者など）も多い。その専門のいかんを問わず、アメリカ心理学会が採択している「心理士の倫理基準」をアサーティブ行動トレーニングのための倫理基準として援用することが望ましい。

アサーティブ行動トレーニングで実施する方法の範囲は広く、なかにはその効果が実証されていないものもある。実験的な方法を使う場合、アサーティブ行動トレーニングのトレーナーはクライエントにその旨を告げなければならない。また、いかなる場合も、特定の効果を「保証」するようなことがあってはならない。

5 アサーティブ行動トレーニングの介入

「自分を変える」ということはなんでもそうだが、アサーティブ行動トレーニングもその背景は種々さまざまであり、したがって特定の介入が妥当かどうかはそれぞれの事例に照らし合わせて判断しなければならない。特定の介入を選択する際には、少なくとも次の要因を考慮する必要がある。

Aクライエント　クライエントの個人的特徴（年齢、性別、人種、入院歴、情報選択の能力、身体的・精神的機能）が問われる。

B問題／目標　専門家の助力を要する目的は、（業務上の技法、厳格な自己抑圧、不安の軽減、攻撃性の緩和）のいずれなのか。

Cトレーナー（セラピスト）　トレーナー（セラピスト）の個人的・専門的資質（年齢、性別、人種、技法、理解力、倫理、前述の3と4を参照）が問われる。

Dトレーニング（セラピー）　トレーニング（セラピー）が行われる場所（家庭、学校、職場、政府機関、クリニック、病院、刑務所）の設定。クライエントは場所を選ぶことができるか？　トレーナー（セラピスト）の力量を系統的に評価することができるか？

E時間／長さ　介入の継続時間。単にちょっとした勇気づけの言葉をかけるだけなのか、それともちゃんとしたワークショップによるトレーニングなのか、あるいは集中的で長期のセラピーなのか?

F実施方法　介入の具体的な特徴。「パッケージ」型の訓練かそれとも個人のニーズに合わせた訓練か? ちゃんとした学習と行動の理論に基づいているか? 「攻撃」、「アサーティブネス」およびその他の概念が区別されているか? 定義、技法、手順、目的が鮮明になっているか? 成功の確率の高い小さなステップを優先して、失敗による打撃を最小化しているか? クライエントに与えられる「宿題」には十分な管理と責任が伴っているか? クライエントの行動変容の試みが、クライエントの身近な人達にどのような影響を及ぼすか十分に考慮して「宿題」を与えているのか? 「アサーティブネスはいつも効果があるとは限らない」ことをクライエントに知らせているか?

G結果　自己報告やその他のポスト・テストによりアサーティブ行動トレーニングの成果をフォローアップできるようになっているか?

6 社会的責任

アサーティブ行動トレーニングは法律を遵守して行われる必要がある。トレーナーもクライエントもともに、妥当でないと思われる法律があればそれを変えるように努力し、より望ましい方向に(特に基本的人権の拡大という面で)社会制度を変えるように努力すべきである。トレーナーとしては、アサーティブ行動トレーニングを通じてこうした面での変革の技法を責任をもって促進させるように励ますのが望ましい。アサーティブ行動を実施し、指導し、研究する者はすべて、この声明書に示した綱領に従い、倫理的責任感をもって慎重にその技法を適用させることを奨励する。

※『自己主張トレーニング』(1994)刊行時、「セルフ・アサーション・トレーニング」という名称はなく、「アサーティブ行動トレーニング」と呼んでいました。本文内では同じ意味で使用しています。

あとがき（初版）

一九八〇年頃に『Your Perfect Right』という一冊の本に出会いました。その後しばらくして、研究休暇で滞米中の一九九一年には、この本の著者達二人の研修会に参加し、個人的にも指導を受けることが出来ました。さらに、ミラー・ハーシャル氏というアメリカの友人と共同で、この本を一九九四年に翻訳し『自己主張トレーニング』（東京図書）として世に送り出すことになりました。

こうした経緯で翻訳出版した地味な内容の本は、予想に反して出版部数を伸ばし、多くの読者を獲得することが出来ました。そればかりか、カウンセラーを始めとする援助専門職の専門性向上の研修会に招かれ、「アサーション・トレーニング」の指導をするという思いも寄らない体験も、多くなりました。こうしている内に、少しずつ私の人生が変わり始めました。人生を楽しむゆとりが生まれたのです。人との出会いと葛藤を避けることが少なくなりました。むしろ、新しいことに挑戦する勇気が湧き始めました。さらにくたびれる疲労感が少なくなりました。このような折、出版でお世話になった(株)東京図書より独自のアサーション・トレーニングの本を書いてみないかとお誘いをうけました。

さて、出版まで実に多くの人の世話になりました。お礼を申し上げます。まず恩師の聖徳大学教授花沢成一先生には、アサーティブ行動の研究で常に励ましをいただきました。さらにトレーニングの実践に関しては、元（財）いきいき埼玉の埼玉県県民活動総合センター生涯学習課の小野塚通子さんが、アサーション・トレーニングを企画し、講師として招いてくださったおかげで、数多くの臨床体験を積むことが出来ました。また小坂クリニックの牧田光代さんには、アサーション・トレーニングの資料整理で助けていただきました。

この著書の内容面でお世話になった方々にも、謝辞を述べます。スーパーヴァイザー六角浩三先生の言葉「自分のボスは自分である」をカバーに引用するにあたっては、奥様の六角美知江さんが快く承諾してくださいました。第2章の三コマ漫画は池田留美子さんが描いたものです。第3章の「カウンセリング心理学」は、片岡憲治君と野口明宏君らが作詞したものです。また作曲は、川村貴美枝さんが担当してくれました。これらにより、内容が一段と趣のあるものになりました。

特に、企画段階から出版までを支えてくださった東京図書第二編集部長の飯村しのぶさんと、執筆に関して多くの助言や励ましをいただきました第二編集部の一木敬代さんのお二人には、こころから感謝いたします。

最後に、著書のトレーニング・プログラム内容及び各種のエクササイズのクレジットについて述べます。読者個人が学習に活用する場合を除き、営利を目的とした研修会等で利用する時には、出版社と著者に許可を取ってから使用することを忘れないでください。

平成一四年九月二三日

菅沼　憲治

――あとがきにかえて――

約一年前の話に遡ります。東京図書から、アサーションを取り巻く理論と実践の変化・進化に合わせた内容の書籍を作りたいという趣旨のお申し出があった。

思えば、私は「アサーション」をテーマに、四〇歳代前半から古希を迎える現在まで研究と臨床実践を継続して来ている。この原動力には、東京図書から多くのアサーションに関連した書籍を出版させていただいたことが少なからず起因している。そうした縁もあり、多忙極まりない大学での教育や様々な業務と並行してようやくこの書籍を刊行するまでに至った。

この間に、編集部の方々には言葉で言い表せない程のご支援を賜った。また、これまでに出版した書籍と同様に今回も遅延しがちな執筆に関して寛容な心で見守っていただいた。こうした数々の配慮なくしては「増補改訂版」が世に出ることはなかった。

最後に、アサーションに関心を寄せて拙著を手に取っていただいた読者の方々やアサーティブ行動を日常生活で実践されている人びとにこの新刊書が引き続き読み継がれることを願ってやみません。

平成二九年五月三日

菅沼 憲治

各章冒頭の引用文出典一覧

1章『自分のボスは自分である』（六角浩三、組織構造研究所）
2章『自己主張トレーニング（改訂新版）』（アルベルティ&エモンズ、東京図書）
3章『梁塵秘抄』（筑摩書房）
4章『臨床哲学の知』（木村敏、洋泉社）
5章「学問を志す若い人々に宛てたパブロフの手紙」（慶應義塾大学医学部 解剖学教室 船戸和弥のホームページ）
6章『科学と人間行動』（B・F・スキナー、二瓶社）
7章『実践論理療法入門』（ドライデン&デジサッピ、岩崎学術出版社）
8章『「正法眼蔵」の奥義』（秋月龍珉、PHP研究所）

報酬 101
法則定立的理論 121
ほめほめシャワー 163

ま

マイケル・エモンズ 007, 008
マインドフルネス認知療法 064
マインドフルネス瞑想法 169
松岡修造 103
マルクス・アウレリウス 130
マルティン・ブーバー 041, 063
ミード 030
三田村仰 114
三つの権利 070, 072, 094
見取り教育 023
ミラーニューロン 024
無意識 086
村井健佑 022, 024
村山正治 136
問題解決型の学習 162

や

役割理論 030
矢田部・ギルフォード性格検査 123
勇気づけ 158, 165
ユング 123
読み札 163, 213, 216

ら

ラショナリティ 152
ラショナル・ビリーフ 142, 148
ラファエル・ナダル 103
リスクを冒す 133
臨床心理学 009, 010
類型論 123
レスポンデント条件づけ 081, 090
ロールプレイング 022, 030
ロールプレイング参加要求度調査票 032
ロジャーズ理論 229
六角浩三 026
ロバート・アルベルティ 007, 008
論駁・介入（D） 144
論理療法 122

わ

惑乱への自己責任 133
私とは何か 063
我と汝 041

石門心学 166
セルフ（自己） 059
セルフ・アサーション・トレーニング 002, 008, 022
セルフ・アサーション・ファシリテーター 009, 228
セルフ・トーク 140
世話人 164, 214

た

対家族内コミュニケーション 209
体験学習 026, 028
第三世代の認知行動療法 064
対自的コミュニケーション 208
対集団的コミュニケーション 208
対人行動形態 167
対人コミュニケーション 082
対人的葛藤への対処行動 203, 205
耐性 133
対他的コミュニケーション 208
高い欲求・不満耐性 133
高瀬広居 060
中枢神経 112, 159
中庸 152
超自我対象 229
直線的因果論 144
出来事（A） 132, 142
哲学的自己 063
闘争・逃走本能 158
特性論 123
ドグマ主義 124
トマス・ゴードン 017
ドライデン 124
ドラえもん 050

な

ナラティブ 124, 126
錦織圭 103
日本人生哲学感情心理学会 122, 231
二本目の矢 141
認知行動療法 024, 064
認知モデル 136
認知理論 017, 019

は

パーソナリティ心理学 121
パーソナリティ理論 123
萩本欽一 126
発信人 082
パブロフ 087, 090
パラ言語 116
阪神淡路大震災 023
ハンス・アイゼンク 007
ビクター・J・ストレッチャー 127
非言語 109, 116, 238
ヒューマニスティック・サイコロジー 017, 018
平木典子 016
平野家一郎 vi
ビリーフ（B） 132, 142
ファシリテーター 024
フィールドワーク 162
副交感神経 160
不随的行動 091
不確かさへの受容 133
普段の行動で行う 033
フロアー 032
フロイト 086
ベッカム 139

こたえ 030, 035
コミットメント 133
コルチゾール 170
コントラクト 009, 011

さ

災害心理学 024
サイコエデュケーション 008
再条件づけ 093
先が立ち我が立つ 166
サルター 087
三項随伴性 114
惨事ストレス対策専門指導員 022, 139
三方よし 167
ジーグラー 125
シェアリング 027, 033
支援力 152
自我 062
自己 062
思考 137
自己開示 203, 204, 207
自己感覚 133
自己啓発（E） 144
自己契約 009
自己指向 133
自己主張トレーニング 037, 069, 243
自己受容 133
自己表現 069
しずかちゃん 050
ジダン 139
実存哲学 041
シャーキアムニ 003
ジャイアン 050
社会構成主義 124, 126
社会的妥当性 107
ジャネット・ウルフ 022
宗教的自己 060
集団療法的手法 023, 024
柔軟性 133
受援力 152
受信人 082
主張的反応 090
ジュディ・オング 141
守破離 078
受容性 203, 204, 206
状況特異的行動 016, 017, 037
条件づけ 007, 081
条件反射療法 087
承認欲求 108
ジョージ・ケリー 121
ジョン・カバットジン 169
自律（自立）性 101
自律訓練法 105
自律神経 092, 159
神経生理学 159
人生哲学 121
人生哲学感情心理療法 023, 122, 129
真善美 108
心理学的自己 066
親和欲求 108
スーパーヴィジョン 009, 010, 026
スーパーヴァイザー 026
スキナー 110
精神分析 229
生物学的類型論 123
世界内存在 235

疫病利得 101
エクササイズ 029
エピクテートス 130, 148
エビデンス 081
絵札 163, 213
エンカレッジメント 165
円環的因果論 144
縁起の法 006
近江商人 167
大貫一郎 005
小川隆 111
オペラント条件付け 111, 113
親業 017

か

カール・ロジャース 016, 017
絵画社会状況法 175
カウンセリング 009, 011
カウンセリング心理学 079
カウンセリング理論 229
科学的指向 133
学習 080
加藤孝義 121
我慢のストレス 168
身体 137
カワカマス 153
川上哲治 119
環境 137
環境調整 116
感情 137
感情・行動（C） 132, 142
頑張るストレス 168, 169
気づき 059, 155
機能的アサーション 114
気晴らしコーピング 168
基本的人権 207
キャッテルの特性論 124
共生経済 166
共同体感覚 133
協働的リレーションシップ 018, 020
キラーストレス 168
金魚鉢方式のロールプレイング 022, 031, 059
グランドルール 234
グループ・ワーク 162
クレッチマー 123
系統的脱感作法 105
契約的手法 033
言語表現 116
現実感覚 133
権利主張 203, 204, 207
交感神経 160
攻撃的行動 013, 014, 015
構成的グループ・エンカウンター 228
肯定的フィードバック 030
行動 137
行動主義の心理学 081
行動変容の原理 107
行動様式一覧表 020
行動様式グラフ 202
行動療法 007, 022, 024
行動理論 017, 018, 229
興奮・制止・逆制止 087
コージブスキー 129
コーピング 168
國分康孝 011, 029
個人間差異 175, 209
個人心理学 vi, 131
個人内差異 174

索 引

英字

A（出来事） 132, 142
ABC理論 132
ACT 064
B（ビリーフ） 132, 142
Big I 062
C（感情・行動） 132, 142
CARD 203
CBT 022, 024, 064
D（論駁・介入） 144
DLTGサイクル 026, 028
E（自己啓発） 144
FBR 059
Iメッセージ 017, 089, 109
Little i 062
REBT 022, 122, 129
Right 070
RPカード 035, 038
RSHモデル vii, 080
SATハウス 024
SCAT 024, 026, 174
SGE 228
SPACE 128
Stress Counselling 062
TA（交流分析） 033
Win-Win 018, 020
YOUメッセージ 109

あ

愛語 157
青山俊董 002
アクティブ・ラーニング 027, 162
アサーション 006
アサーション・セラピー 009
アサーションいろはかるた 152, 162, 213
アサーション権 070, 094
アサーション権宣言 095
アサーション能力 024
アサーティブ行動 013
アサーティブ行動マトリックス 138, 203, 204
アサーティブネス 006
アセチルコリン 160
アドラー vi, 131, 158
アドレナリン 160
アルバート・エリス 008
アンカーリング 033, 057
意識 086
石田梅岩 166
伊調馨 118
五つの行動 128
一般意味論 129
イラショナル・ビリーフ 142, 148, 149
インフォームド・コンセント 009, 012
ヴィンデルバント 121
上田静照 063
ウォルピ 090
受け身的行動 013, 014
ウサイン・ボルト 061
内山興正 060
エイジング 074
江川ひろし 084

●著者略歴

菅沼憲治（すがぬま　けんじ）

松蔭大学コミュニケーション文化学部生活心理学科教授／聖徳大学名誉教授
博士（心理学）。長野県生まれ。
1976 年　日本大学大学院文学研究科心理学専攻博士課程満期退学
1991 年 -92 年　カリフォルニア州立大学ロサンゼルス校カウンセラー教育学部留学
2005 年　日本人初のアルバート・エリス研究所公認スーパーヴァイザー（NO.0398）に認定
千葉商科大学商経学部教授・専任カウンセラー、茨城大学大学院教育学研究科教授、聖徳大学心理・福祉学部心理学科教授を歴任。
カウンセリング心理学専攻

主な著書：
『アサーティブ行動入門』（科学情報企画）
『実践セルフ・アサーション・トレーニング』（共著、東京図書）
『セルフ・アサーション・トレーニング――エクササイズ集』（東京図書）
『セルフ・アサーション・トレーニング――はじめの一歩』（東京図書）
『現代のエスプリ REBT カウンセリング』（編集、ぎょうせい）
『アサーション・トレーニングの効果に関する実証的研究――四コマ漫画形式の心理査定を用いて』（風間書房）
『人生哲学感情心理療法入門』（編著、静岡学術出版）
『増補改訂 セルフ・アサーション・トレーニング』（東京図書）
主な訳書：
『自己主張トレーニング』（共訳、東京図書）
『実践論理療法入門』（岩崎学術出版社）
『論理療法トレーニング』（監訳、東京図書）
『エリスとワイルドの思春期カウンセリング』（共訳、東京図書）
『感情マネジメント』（監訳、東京図書）
『親子感情マネジメント』（監訳、東京図書）
『人から人に伝わるパーソナリティ心理学』（風間書房）などがある。

増補改訂《ぞうほかいてい》　セルフ・アサーション・トレーニング

2002 年 11 月 25 日　第 1 版第 1 刷発行
2009 年 4 月 25 日　改訂新版第 1 刷発行
2017 年 7 月 25 日　増補改訂版第 1 刷発行
2022 年 8 月 10 日　増補改訂版第 2 刷発行

著　者　菅沼憲治
発行所　東京図書株式会社
〒 102-0072　東京都千代田区飯田橋 3-11-19
電話 03-3288-9461　振替 00140-4-13803
http://www.tokyo-tosho.co.jp/
ISBN　978-4-489-02268-5